# 销冠速成

## 二手房销售
## 与成交情景实战

庄建军　朱　燕◎编著

中国铁道出版社有限公司
CHINA RAILWAY PUBLISHING HOUSE CO., LTD.

图书在版编目（CIP）数据

销冠速成：二手房销售与成交情景实战/庄建军，
朱燕编著.—北京：中国铁道出版社有限公司，2023.8
ISBN 978-7-113-30262-7

Ⅰ.①销… Ⅱ.①庄… ②朱… Ⅲ.①房地产–销售
Ⅳ.①F293.352

中国国家版本馆CIP数据核字(2023)第097182号

书　　名：**销冠速成——二手房销售与成交情景实战**
　　　　　XIAO GUAN SUCHENG: ERSHOUFANG XIAOSHOU YU CHENGJIAO QINGJING SHIZHAN
作　　者：庄建军　朱　燕

责任编辑：杨　旭　　编辑部电话：(010) 63583183　　电子邮箱：823401342@qq.com
封面设计：宿　萌
责任校对：安海燕
责任印制：赵星辰

出版发行：中国铁道出版社有限公司（100054，北京市西城区右安门西街8号）
印　　刷：北京联兴盛业印刷股份有限公司
版　　次：2023年8月第1版　2023年8月第1次印刷
开　　本：710 mm×1 000 mm　1/16　印张：13.5　字数：177千
书　　号：ISBN 978-7-113-30262-7
定　　价：69.00元

# 序

本书所述房产经纪人是指在存量房，即二手不动产租赁、出让（受让）、抵押、互换等交易活动中充当中间媒介，接受购房者和卖房者的委托，促成房产交易，从而收取佣金的自然人和法人。

随着中国房地产市场的不断发展，存量房交易市场随着换手率的提升而日渐活跃，房产经纪人的职业前景和市场需求逐步扩大，越来越多的人跻身于这个行业，通过不断学习专业知识并结合实战经验，成为专业的房产经纪人。

我于2005年入职房产经纪行业，成为一名房产经纪人，从房产新手到湖南房鱼房地产有限公司（以下简称"房鱼地产"）品牌联合创始人，有幸成为这个行业的参与者和见证者。

回顾入行至今，房产行业从两台电脑、两部电话机、几本登记簿到注重门店6S管理、经纪人职业形象、技术驱动系统作业，从无门槛招聘各类从业人员到全日制大专及以上学历方可入职，从"黑中介"标签到具备职业素养的房产经纪人规范作业，从硬件设施到软件设施的更新，我目睹并亲历了房产经纪行业腾飞式的发展。

时间验证了房产经纪人这个职业的前景是非常光明的。房产经纪人是一个非常富有挑战性的职业，首先，房产经纪人必须是一个值得买卖双方托付的人；其次，房产经纪人需要拥有丰富的房产相关知识，以及金融、建筑、心理、法律等相关专业素养，拥有出色的语言沟通技巧、良好的人际交往能力、乐观向上的积极心态。

本书旨在帮助房产经纪人从零基础入门到成长为房产经纪行业的金牌销冠。

从打牢基础，如入职商圈跑盘、商务礼仪接待等行业启蒙培训为起点，力求通过提升房产经纪人的职业素养、专业能力、职业形象、斡旋能力、市场洞察力等，使房产经纪人在与买卖双方沟通交流时能随机应变、游刃有余，让买卖双方获得不一样的服务体验并肯定房产经纪人存在的价值。

本书总结了二手房销售过程中房产经纪人可能需要用到的相关方法和技巧，并针对房产经纪人可能遇到的诸多问题进行了解答。从房产经纪人从业的基础知识、房源和客源开发渠道与维护方法、客户不同需求分析与匹配、斡旋议价的方法与技巧、快速成交的必备技能、二手房买卖合同的合规合法签署与订立、自媒体的高效引流等多个维度，阐述了房产经纪人在不同阶段遇到各种问题的应对方法和实用技巧，希望能够帮助初涉房产经纪行业的你走得更快、更远。

由于编写时间有限，书中难免存在疏漏之处，恳请广大同行批评、指正。

仅以此书献给热爱房产行业的自己和大家。

朱　燕

2023年5月

# 目　录

## 第1章　13个常识，快速入门二手房销售行业 / 1

【情景实战001】熟悉商圈，最快、最好、最多地储备房源 / 2

【情景实战002】学习商务礼仪，在客户心中树立起专业的形象 / 5

【情景实战003】店内值班，如何接待上门的客户 / 8

【情景实战004】电话沟通，如何提高邀约面谈的成功率 / 11

【情景实战005】客户询问，如何在电话沟通中给出满意的答复 / 13

【情景实战006】加强练习，提升胆量，克服沟通障碍 / 15

【情景实战007】外出推广，如何与有需求的客户建立沟通 / 16

【情景实战008】出售房屋，新手遇到卖房者应如何应对 / 17

【情景实战009】购买房屋，新手遇到购房者应如何应对 / 18

【情景实战010】遇到阻拦，商圈跑盘时不让进入小区怎么办 / 20

【情景实战011】客户五问，快速介绍二手房的相关信息 / 21

【情景实战012】卖房须知，了解二手房的交易流程和税费标准 / 23

【情景实战013】买房须知，了解购买二手房的贷款流程和利率等 / 24

## 第2章　11个技巧，快速开发房源和客源 / 25

【情景实战014】网上搜索，快速获取附近的房源 / 26

【情景实战015】线下搜索，网罗附近商圈的房源 / 30

【情景实战016】开展地推，把自己推荐给潜在客户 / 32

【情景实战 017】借助物业，获得一手房源和客源 / 34

【情景实战 018】打入内部，通过业主群获取信息 / 35

【情景实战 019】他人助力，通过亲戚朋友获得房源 / 37

【情景实战 020】社交平台，如何高效查找房源信息 / 39

【情景实战 021】资源共享，获取其他人手中的房源 / 44

【情景实战 022】联系房东，获得二手房的委托销售权 / 45

【情景实战 023】营销推广，增加房源信息的曝光量 / 46

【情景实战 024】同行有很多，购房者为何要找你来买房 / 55

# 第 3 章  13 种策略，与客户进行有效沟通  /  58

【情景实战 025】客户来店，说他就是想随便看看 / 59

【情景实战 026】客户沉默，在店内外转悠个不停 / 61

【情景实战 027】拉近距离，接待他人推荐的客户 / 64

【情景实战 028】态度冷淡，客户表现出不感兴趣 / 67

【情景实战 029】拒绝沟通，客户一接到电话就挂断 / 68

【情景实战 030】开门见山，询问你有没有某套房源 / 70

【情景实战 031】客户比价，找了多家中介机构进行对比 / 72

【情景实战 032】推荐房源，如何引起购房者的兴趣 / 74

【情景实战 033】非常挑剔，认为房源有各种问题 / 76

【情景实战 034】客户精明，如何跟上对方的节奏 / 79

【情景实战 035】一降再降，要求谈到更低的价格 / 80

【情景实战 036】想卖高价，没有达到预期不愿出售 / 83

【情景实战 037】不放心你，客户担心中间被吃差价 / 85

# 第4章　11种研究，挖掘客户的心理与真实需求　/　86

【情景实战038】初步了解，客户前期的三种心理 / 87

【情景实战039】深层分析，客户后期心理变化 / 89

【情景实战040】为何买房，摸准对方的真实需求 / 91

【情景实战041】为何卖房，明白原因对成交很重要 / 93

【情景实战042】有效管理，按购房动机进行分类 / 94

【情景实战043】过分疑虑，购房者挑来挑去都不满意 / 97

【情景实战044】一眼看中，却觉得二手房的价格太高 / 101

【情景实战045】久未售出，卖房者开始表达不满情绪 / 102

【情景实战046】不愿出手，卖房者觉得出价低于预期 / 104

【情景实战047】资金风险，购房者担心花钱打了水漂 / 105

【情景实战048】房贷未清，卖房者要求购房者代为还款 / 106

# 第5章　13项技能，提升二手房的带看转化率　/　107

【情景实战049】自我审视，了解带看转化率低的原因 / 108

【情景实战050】自我提升，掌握提高带看转化率的方法 / 110

【情景实战051】识别客户，什么样的客户容易被转化 / 115

【情景实战052】性子很慢，找到了合适的房源也不愿去看 / 116

【情景实战053】房源抢手，但购房者只有周末有时间去看房 / 117

【情景实战054】想要带看，可是卖房者不太愿意来开门 / 118

【情景实战055】热情下滑，购房者看了几套房源就不想再看了 / 119

【情景实战 056】非常挑剔，购房者找各种理由增加看房量 / 120

【情景实战 057】快速逼单，用心营造稀缺感和竞争效应 / 121

【情景实战 058】非常较真，购房者对房源提出各种要求 / 123

【情景实战 059】化解冲突，让买卖双方坐下来好好协商 / 124

【情景实战 060】做好积累，转化成功是长期努力的结果 / 125

【情景实战 061】做好复盘，为之后带看不断积累经验 / 127

## 第 6 章　11 种方法，促成客户签单　/　128

【情景实战 062】全家出动，讨论了很久也无法统一意见 / 129

【情景实战 063】已经动心，但购房者还无法下定决心 / 130

【情景实战 064】价格太高，购房者打算过一段时间再看 / 131

【情景实战 065】怀疑价值，购房者觉得二手房不值这个价 / 135

【情景实战 066】临时变卦，卖房者在成交前想要涨价 / 136

【情景实战 067】先不买了，购房者说自己身上的资金不够 / 138

【情景实战 068】不交定金，客户一直说自己要考虑考虑 / 139

【情景实战 069】做不了主，购房者要和家人商量后再决定 / 141

【情景实战 070】很难谈拢，买卖双方给出的价格相差太多 / 143

【情景实战 071】互不让步，买卖双方在价格上僵持不下 / 144

【情景实战 072】选择困难，购房者不知道选哪套二手房 / 145

## 第 7 章　9 个事项，确保自己成功获得佣金 / 146

【情景实战 073】关于佣金，什么时候谈、怎么谈 / 147

【情景实战 074】试图砍价，购房者说佣金不打折就不买了 / 149

【情景实战 075】不付佣金，卖房者希望能免佣金成交 / 151

【情景实战 076】转移压力，卖房者要求购房者支付佣金 / 152

【情景实战 077】分期付佣，客户要求签约只付一部分佣金 / 153

【情景实战 078】客户跳单，买卖双方私下完成了交易 / 154

【情景实战 079】临时被换，客户为省钱更换房产经纪人 / 156

【情景实战 080】交了定金，买卖双方在协商时却出了问题 / 157

【情景实战 081】萌生退意，购房者想找卖房者要回定金 / 159

## 第 8 章　9 个方面，快速签订合同与办理手续 / 161

【情景实战 082】了解流程，办理好二手房交易的手续 / 162

【情景实战 083】做好准备，免得工作不到位影响了签约 / 164

【情景实战 084】避免纠纷，掌握二手房买卖合同签订的要点 / 167

【情景实战 085】一方缺席，约好了却临时找理由不来 / 169

【情景实战 086】外力阻挠，让卖房者觉得自己吃亏了 / 170

【情景实战 087】过不了户，购房者没有购房资格 / 173

【情景实战 088】已经签约，但是购房者的贷款申请被拒 / 174

【情景实战 089】签约问题，客户看到某项条款时犹豫了 / 175

【情景实战 090】产权过户，帮助购房者快速拿到房屋所有权证 / 176

# 第9章 7个要点，做好客户的后续管理工作 / 177

【情景实战091】买得贵了，购房者签完合同之后想反悔 / 178

【情景实战092】卖便宜了，卖房者签完合同之后想反悔 / 180

【情景实战093】协助交房，陪同购房者全面验收二手房 / 181

【情景实战094】物件少了，卖房者答应留下的物品不见了 / 183

【情景实战095】发生变故，交房后出现影响居住的问题 / 185

【情景实战096】临时求助，购房者遇到解决不了的问题 / 186

【情景实战097】赢得信任，有效提高客户的忠诚度 / 187

# 第10章 11个技巧，教你怎么处理客户投诉 / 189

【情景实战098】频繁联系，投诉被房产经纪人骚扰了 / 190

【情景实战099】宣泄不满，投诉房产经纪人态度太差 / 192

【情景实战100】前后落差，签约后房产经纪人态度转变 / 194

【情景实战101】工作不力，导致交易过程中出现了问题 / 196

【情景实战102】房价波动，客户觉得自己被房产经纪人欺骗了 / 199

【情景实战103】推迟交房，购房者投诉卖房者故意违约 / 200

【情景实战104】情绪激动，客户进入门店后就大吵大闹 / 202

【情景实战105】房屋问题，入住后二手房出了一些问题 / 203

【情景实战106】要求太高，无法按客户的心意处理投诉 / 204

【情景实战107】无理取闹，客户投诉的问题其实不存在 / 205

【情景实战108】主动出击，挽回因投诉而流失的客户 / 206

第1章

# 13个常识，
# 快速入门二手房销售行业

【小房同学】问：

　　大鱼老师，像我这种新人，如何快速入门二手房销售行业呢？

【大鱼老师】答：

　　不急，慢慢来，我们先学习一些二手房销售的相关常识，比如熟悉周围商圈，学习商务礼仪，如何接待上门咨询的客户等。

# 【情景实战001】
# 熟悉商圈，最快、最好、最多地储备房源

【小房同学】问：

大鱼老师，刚进入二手房销售行业的新人，先要做好哪件事呢？

【大鱼老师】答：

新人进入二手房销售行业的第一件事就是要熟悉门店附近的商圈，以便了解生意范围、提升专业化水平，从而合理配置自己所掌握的资源，与客户进行高效沟通，达到增加成交机会的目的。那么，如何快速完成商圈跑盘呢？这就需要了解商圈跑盘的相关技巧。

### 1. 商圈跑盘的目的

房产经纪人是主营商圈展业的一张"活地图"，通过其讲解能够帮助客户快速了解楼盘特点及周边各类公共配套设施。具体来说，房产经纪人进行商圈跑盘主要有以下几个目的。

❶ 了解所属区域的基本情况。房产经纪人通过商圈跑盘，可以熟练掌握自己从业板块所属商圈的实质范围、小区坐落、小区楼栋分布、周边商业配套、教育资源配套和交通状况等，从而为客户提供详尽、专业、高效的服务。

❷ 更好地体现自身的专业性。房产经纪人精准讲解商圈的能力，可以更好地展现其专业性，增强客户对房产经纪人专业能力的肯定，从而快速建立客户的信任感及黏性，有助于后期业务的快速开展。

❸ 积累岗位必须掌握的基础知识，奠定行业基本认知。房产经纪人入职后进行商圈跑盘需要通关，从了解小区配套到周边公共配套，从了解物业相关信息、小区年份到熟悉小区住户成为小区专家等，都需要吃苦耐劳的坚强意志和拼搏精神。

**2. 商圈跑盘的要求及指导**

商圈跑盘是每个房产经纪人入行的必经之路，在商圈跑盘的过程中是否足够认真、用心，决定了房产经纪人在房产经纪行业中的基础奠定是否牢固。接下来重点讲解商圈跑盘的要求及相关指导。

❶ 掌握所在商圈的基本信息。要掌握城市结构、道路走向、道貌特征和所在城市的分区，区属划分界线参见各城市地图。随着城市规划的不断变迁，地理标识可能会发生变化，此时了解人们约定俗成的地理称谓就显得尤为重要了。

❷ 对地图和实地进行有效记忆。实现实地印象与地图标识之间迅速、自如地转换。这就需要在实际跑盘的过程中，仔细记录沿途的每一幢建筑，在头脑中形成地图全貌和实地印象。

❸ 熟悉社区或楼盘配套措施情况。应熟悉社区或楼盘附近的幼儿园、小学、中学、银行、商场、机场、高铁站、地铁站、公交车站、菜市场、酒楼、公园、大型市场、文体娱乐设施等。

❹ 了解附近的交通配套情况。熟悉交通路线及具体的公共交通站点，找到公共交通站点的位置，并了解相关房产与公共交通站点之间的距离，以及如何乘坐公共交通前往城市地标。

以熟悉公共交通站点的相关信息为例，房产经纪人需要分别整理并熟记三项信息，如图1-1所示。

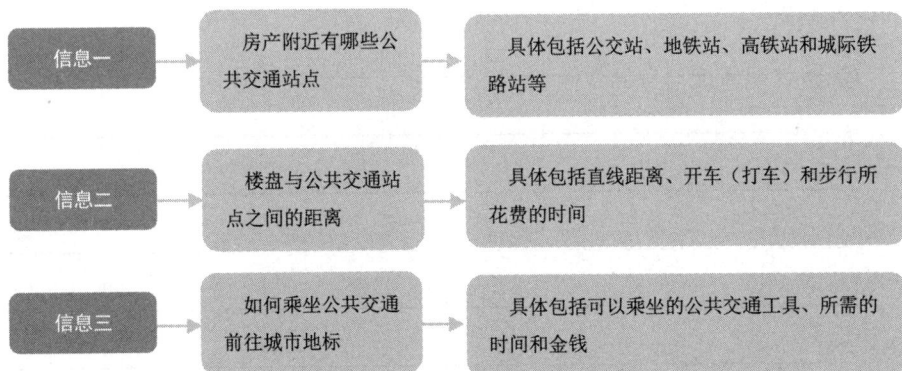

| 信息一 | → | 房产附近有哪些公共交通站点 | → | 具体包括公交站、地铁站、高铁站和城际铁路站等 |
| 信息二 | → | 楼盘与公共交通站点之间的距离 | → | 具体包括直线距离、开车（打车）和步行所花费的时间 |
| 信息三 | → | 如何乘坐公共交通前往城市地标 | → | 具体包括可以乘坐的公共交通工具、所需的时间和金钱 |

图1-1 熟悉公共交通站点需要整理并熟记的信息

### 3. 商圈跑盘的核心

商圈跑盘是新人的必修课，不同的新手能够理解和达到的境界不同，下面重点分享三点。

❶ 熟悉商圈信息是第一境界。对周围的学校、交通、商业等所有信息做到了如指掌，这样才能对客户的疑问对答如流。

❷ 匹配客户需求是第二境界。了解客户的需求，将我们掌握的信息与之进行精准、高效的匹配，促进成交。

❸ 创造未来价值是第三境界。在跑盘的过程中，尽可能地挖掘多个维度、多个层面的亮点，让客户感觉物超所值，这会大大提升客户对房产经纪人的认可度，从而增加回头率与复购率。

读书笔记，自己的感悟与补充：

_____

_____

_____

_____

_____

实操心得，记下来让自己更上一层楼：

_____

_____

_____

_____

_____

## 【情景实战002】
## 学习商务礼仪，在客户心中树立起专业的形象

【小房同学】问：

大鱼老师，您觉得房产经纪人有没有必要学习商务礼仪呢？

【大鱼老师】答：

有人可能觉得学习商务礼仪没有必要，其实不然，对于房产经纪人来说，学习商务礼仪是很有必要的，这不仅可以让我们更好地融入自己的职业角色，还能在客户心中树立起专业的形象。

对于学习商务礼仪，房产经纪人需要了解以下三个方面的内容。

### 1. 为什么要学习商务礼仪

学习商务礼仪有三个方面的作用，如图1-2所示。

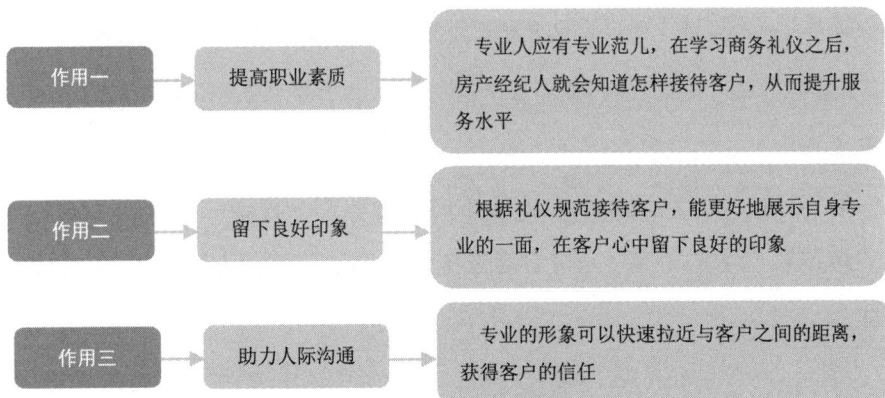

图1-2　学习商务礼仪的作用

### 2. 要学习哪些商务礼仪

房产经纪人要学习的商务礼仪不仅仅包括语言沟通的礼仪，还包括展现自身形象的各种礼仪，主要体现在五个方面。

❶ 着装礼仪。着装礼仪的基本要求是衣着得体、搭配得当，切忌颜色搭配杂乱。

以男性房产经纪人的着装礼仪为例，应该穿着大小合适的套装，全身着装的颜色控制在三种以内，要注意扣好衣服的扣子，着深色鞋袜，如图1-3所示。

图1-3　男性房产经纪人的着装礼仪示例

❷ 仪容仪表礼仪。仪容仪表礼仪的基本要求是看上去整洁干净、身上没有异味、给人一种容光焕发的感觉。

以男性房产经纪人的仪容仪表礼仪为例，应该每天沐浴，保证身上没有异味；保持口腔清洁和口气清新；及时修剪指甲、剃胡须；适当整理发型，让自己看上去精神饱满。

❸ 沟通礼仪。沟通礼仪主要是指通过得体的语言表达、良好的态度、柔和的声调和正常的语速，为客户营造良好的沟通氛围，从而增强客户的表达欲望。

例如，房产经纪人在与客户进行沟通时，可以多使用一些礼貌用语，如"您""请""不客气""谢谢"等。

❹ 姿态礼仪。姿态礼仪主要是指房产经纪人的站姿、坐姿和走姿要规范，应给客户留下挺拔、稳重的身姿，其中最直接的要求就是站如松、坐如钟、行如风。

以站姿礼仪为例，房产经纪人在站立时要身体笔直、双肩放松、双手自然下垂、双腿立直。如果参加正式场合，那么在站立时最好不要双手交叉、将双手插进口袋或双手抱胸，更不要斜着身子倚靠其他物体。

❺ 行为礼仪。行为礼仪主要是指接待客户的行为规范，包括握手礼仪、乘车礼仪、进出电梯礼仪和带看站位礼仪等。

以握手礼仪为例，在握手时，房产经纪人应该面带微笑地伸出右手，保持上身稍微前倾，双目注视对方。另外，要把握好握手的时间，不能握一下就松手，也不能长时间握着不松手，最好控制在5秒左右。

### 3. 如何快速掌握商务礼仪

虽然商务礼仪包含的内容比较多，学习起来可能需要花费一些时间，但是在学习时如果能够掌握一些方法，就能缩短学习的时长。下面介绍房产经纪人快速掌握商务礼仪的方法，如图1-4所示。

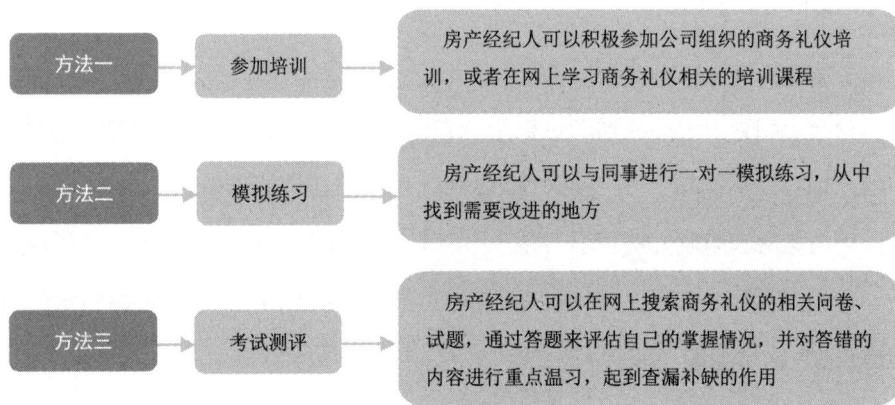

```
方法一  →  参加培训  →  房产经纪人可以积极参加公司组织的商务礼仪培
                          训，或者在网上学习商务礼仪相关的培训课程

方法二  →  模拟练习  →  房产经纪人可以与同事进行一对一模拟练习，从中
                          找到需要改进的地方

方法三  →  考试测评  →  房产经纪人可以在网上搜索商务礼仪的相关问卷、
                          试题，通过答题来评估自己的掌握情况，并对答错的
                          内容进行重点温习，起到查漏补缺的作用
```

图1-4　房产经纪人快速掌握商务礼仪的方法

读书笔记，自己的感悟与补充：

_____

_____

_____

## 【情景实战003】
## 店内值班，如何接待上门的客户

【小房同学】问：

大鱼老师，在店内值班时，有客户上门，应该如何做好接待呢？

【大鱼老师】答：

通常来说，上门的客户对于买卖二手房的需求是比较强烈的，如果能够做好接待工作，并给出合适的推荐，就很有可能在短期内促成二手房成交。具体来说，对于上门的客户，房产经纪人可以重点做好三个方面的工作：一是对客户进行必要的询问；二是根据问题的答案给出推荐；三是留下客户的联系方式。

### 1. 对客户进行必要的询问

在与上门客户进行沟通的过程中，房产经纪人可以通过必要的询问，有针对性地获取客户买卖二手房的相关信息，为之后的推荐做好准备。

以与购房者沟通为例，房产经纪人可以通过询问，重点获取以下十条信息。

❶ 上门原因。即通过询问了解购房者上门的原因，明白购房者是特意过来买房，还是路过顺便进来看一下。

例如，房产经纪人可以询问购房者："请问您今天是特意过来咨询购房事宜的，还是路过刚好有兴趣，顺便进来看一下的呢？"

❷ 购房目的。即通过询问购房者的购房用途，判断哪些二手房更适合他。

例如，房产经纪人可以询问购房者："请问您是准备买房自己住，还是用于出租？"

❸ 地理位置。即通过询问了解购房者想买哪个地方的房子，其对购房区域是否有要求。

例如，房产经纪人可以询问购房者："请问您想买哪里的房子？除了这个地方，您还中意哪些小区里的二手房呢？"

❹ 购房预算。即通过询问了解购房者的看房经历、用于购房的预算，从而判断购房者的购买实力。

例如，房产经纪人可以询问购房者："请问您都看过哪些房子？感觉怎么样？"或者询问购房者："您的购房预算是多少？我先根据您的购房预算为您推荐一些性价比高的房源。"

❺ 居室选择。即通过询问了解购房者是否对二手房的居室有特定的要求。

例如，房产经纪人可以询问购房者："您对于二手房的居室是否有要求呢？您想买两居室还是三居室呢？"

❻ 家庭情况。即通过询问了解购房者的家庭情况，从而判断哪种房源更适合该购房者。

例如，房产经纪人可以询问购房者："请问您的孩子多大了？上学了吗？您是否有孩子上学的相关需求？"

❼ 购房偏好。即通过询问了解购房者对二手房是否有购买偏好，或者说对二手房是否有特殊的需求。

例如，房产经纪人可以询问购房者："请问您对于房子有什么特殊的需求吗？如您是否需要购买江景房、地铁房呢？"

❽ 购房决策人。即通过询问了解购房这件事是由购房者自己决定的，还是需要听取其他家庭成员的意见。

例如，房产经纪人可以询问购房者："请问您看完之后，是否需要您的家人再过来看一下？"

❾ 购房方式。即通过询问了解购房者是全款购房，还是贷款购房。

例如，房产经纪人可以询问购房者："请问您计划全款购买，还是贷款购买？"

❿ 购房急迫程度。即通过询问判断购房者的购房急迫程度。

例如，房产经纪人可以询问购房者："您希望在多长时间内找到中意的房子？您计划在什么时候装修或入住?"

需要注意的是,有些购房者对于某些提问可能不理解、缺乏耐心,此时房产经纪人需要从专业的角度进行解读,让购房者明白询问的目的不是窥探其隐私,而是要根据实际情况,匹配更合适的房源,从而节省购房者的时间,提升整体的效率。

### 2. 根据问题的答案给出推荐

在对客户进行必要的询问之后,房产经纪人可以将问答内容作为客户的重要信息记录下来,同时还可以根据问题的答案给出推荐,为客户挑选到合适的二手房,或者为客户制订二手房销售方案。

例如,房产经纪人可以对客户说:"从刚刚了解到的情况来看,这套四居室的江景房可能比较适合您。现在这套二手房处于急售中,价格也有优惠,这是相关的资料,您可以看一下。"

### 3. 留下客户的联系方式

不管自己给出的推荐有没有获得客户的认同,房产经纪人都要想办法留下客户的联系方式。当然,房产经纪人也可以将自己的名片递给客户,并告诉客户可以随时联系自己。

例如,房产经纪人可以对客户说:"我的同事手上还有几套不错的房源,等他回来,我发给您。咱们先加个微信,我晚一点儿给您发过去。"切记,加微信的最高境界是将求人变成帮人,给对方留下有好处的悬念,这样对方不仅会同意添加微信,还会对你接下来的房源信息充满期待。


读书笔记,自己的感悟与补充:

_____

_____

_____

# 【情景实战004】
# 电话沟通，如何提高邀约面谈的成功率

【小房同学】问：

大鱼老师，如何通过电话沟通邀约客户进行面谈呢？我第一次准备做邀约，心里有点儿紧张，怎么办？

【大鱼老师】答：

第一次做电话邀约，心里有点儿紧张是很正常的。不过，只要将邀约信息传达给客户，并使用一些邀约技巧，即可提高邀约面谈的成功率。

对于刚进入二手房销售行业的房产经纪人来说，要想快速完成邀约、提高邀约面谈的成功率，必须做好两个方面的工作。

### 1. 确定邀约面谈的信息

在正式进行电话邀约之前，房产经纪人需要先确定邀约面谈的信息，这样不仅可以提高邀约的效率，还能让自身的表达更有条理性。具体来说，房产经纪人需要确定的邀约面谈信息主要有四种，如图1-5所示。

### 2. 掌握邀约面谈的技巧

在正式进行电话邀约时，房产经纪人可以使用如下技巧来提高客户应邀参与面谈的意愿。

❶ 将面谈信息清楚且快速地传达出来。房产经纪人需要将面谈的时间、地点、正式人员和目的清楚且快速地传达给客户，这样可以让客户更好地接收到面谈信息。如果房产经纪人连面谈信息都说不清楚，那么客户可能连继续听下去的意愿都没有了，更不用说参与面谈了。

| | | |
|---|---|---|
| 信息一 | 面谈时间 | 即什么时候与客户进行面谈，最好确定面谈开始和持续的时间 |
| 信息二 | 面谈地点 | 即在哪里与客户进行面谈，最好选在双方都可以快速到达的地方 |
| 信息三 | 面谈人员 | 即有哪些人参与这次面谈，是和某位客户，还是和买卖双方 |
| 信息四 | 面谈目的 | 即为什么要进行这次面谈，是为购房者推荐二手房，还是为卖房者制订卖房方案，抑或是组织买卖双方协商二手房交易事宜 |

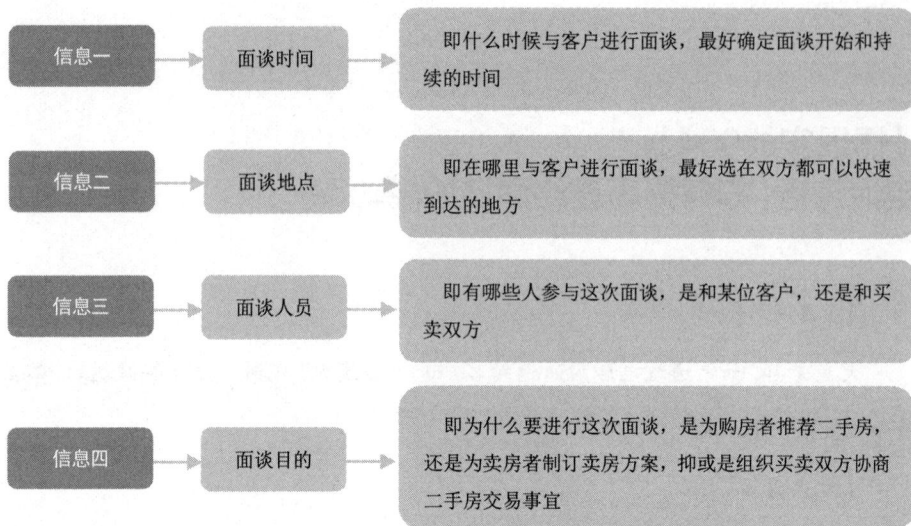

图1-5　房产经纪人需要确定的邀约面谈信息

❷ 给客户一个不得不进行面谈的理由。有时候，单纯将面谈信息传达出来，客户可能会觉得没有必要进行面谈，甚至有的客户可能会以不方便为由，提出通过线上沟通来代替面谈。对此，房产经纪人可以在电话沟通过程中给客户一个不得不进行面谈的理由，让客户无法推掉。

例如，房产经纪人可以对客户说："卖房者说后天有时间可以看房，可就二手房的相关问题进行面谈，还希望您抽出时间参与面谈。因为卖房者还约了其他购房者，如果您不愿面谈，这套性价比高的房子可能会被别人买走了，那时就可惜了。"

❸ 通过制造悬念引导客户进行面谈。房产经纪人可以在进行电话邀约时，适当地制造一些悬念，让客户忍不住想要通过面谈来一探究竟。

例如，房产经纪人可以对客户说："这套房源相比其他房源，还有几个符合您需求的独特优势或亮点，面谈时卖房者会亲自和您细说。"

读书笔记，自己的感悟与补充：

_____

_____

# 【情景实战005】
# 客户询问，如何在电话沟通中给出满意的答复

【小房同学】问：

大鱼老师，客户打电话来询问房源情况，怎样才能给出满意的答复呢？

【大鱼老师】答：

这里要区分客户的类型，面对第一次打电话咨询的客户，我们的答复是一种方式；面对回访的客户，我们的答复可能会是另一种方式。

面对不同客户的询问，房产经纪人给出答复的方式也要有所区别。面对第一次打电话咨询的客户，在答复时要记住两个要点。

❶ 客户想要什么，就回答什么。例如，客户说想买某个小区里的房子，你就说系统中有好几套适合他的不错的房源（必须是真实房源）。

❷ 邀约到门店，当面沟通是重点。例如，"请问您今天或者明天什么时候有空？欢迎您来门店看看。目前有几套房源因为性价比非常高，近期看房的人比较多，我想优先带您去看一下。"

面对回访的客户，房产经纪人应如何给出答复呢？下面介绍一些房产经纪人常用的技巧。

### 1. 答复购房者

购房者打电话咨询，目的是想了解有没有适合自己的房源。对此，房产经纪人可以通过如下策略答复购房者，让其感受到你的真诚。

❶ 有哪些符合要求的房源。将近期找到的合适房源告知购房者，让其明白你在用心帮他搜集房源。如果有必要，房产经纪人还可以对各个房源的优缺点进行分析，让购房者明白你是站在他的角度考虑的。

例如，房产经纪人可以对客户说："我最近找到一套比较符合您需求的二手房，其主要优点就是价格比较实惠，缺点就是靠近北二环，可能会有一些噪声。"

❷ 询问购房者是否需要看房。房产经纪人在介绍完搜集的房源之后，可以询问购房者是否需要看房，让购房者看到你的工作积极性。

例如，房产经纪人可以对客户说："前面介绍的几套房源，您有没有觉得还不错的? 您是否有看房计划? 如果您有看房计划，可以随时联系我。"

❸ 询问购房者是否调整购房需求。如果按照购房者的购房需求去搜集二手房源却没有找到合适的，那么房产经纪人可以如实告知购房者，并询问其是否可以调整购房需求。

### 2. 答复卖房者

卖房者打电话咨询，目的是想了解房产经纪人有没有认真地推广、有没有人对他的房子感兴趣。对此，房产经纪人可以使用如下策略答复卖房者，让其明白你也想尽快帮他把房子卖出去。

❶ 为房源所做的推广工作。房产经纪人可以将自己为房源所做的推广工作告知卖房者，让其明白你在用心做推广。

例如，房产经纪人可以对客户说："我在58同城、安居客、贝壳找房、抖音、快手和微信等平台上发布了您房子的推广信息，稍后我在微信上会给您发推广信息的链接，您可以点进去看一下。除了线上推广，我还进行了一些线下推广，具体包括在门店橱窗中张贴房源信息、派发二手房的宣传单、在小区的信息宣传栏中张贴二手房的出售信息，相关照片已经发到您的微信了。"

❷ 购房者对房源的问询情况。房产经纪人可以告知卖房者，近期有多少人对这套房源感兴趣，这些人都询问了哪些问题，并根据自己的判断，告知客户其中是否有购买意愿比较强烈的购房者。

❸ 询问卖房者是否调整出售信息。如果近期没有人询问这套房源的情况，或者询问之后就失去了购买的兴趣，那么房产经纪人可以如实告知卖房者，并询问其是否可以调整出售信息。

# 【情景实战006】
# 加强练习，提升胆量，克服沟通障碍

【小房同学】问：

大鱼老师，我不善于沟通，在给客户打电话时会有一些紧张，有时候甚至会出现沟通障碍，应该怎么克服呢？

【大鱼老师】答：

很多人的沟通能力都是通过后天练习培养起来的。如果觉得自己有沟通障碍，那么房产经纪人可以加强练习，提升自己的胆量，慢慢地克服沟通障碍。

房产经纪人在出现沟通障碍时，可以通过一些方法来加强练习，从而提升自己的胆量，具体方法如图1-6所示。

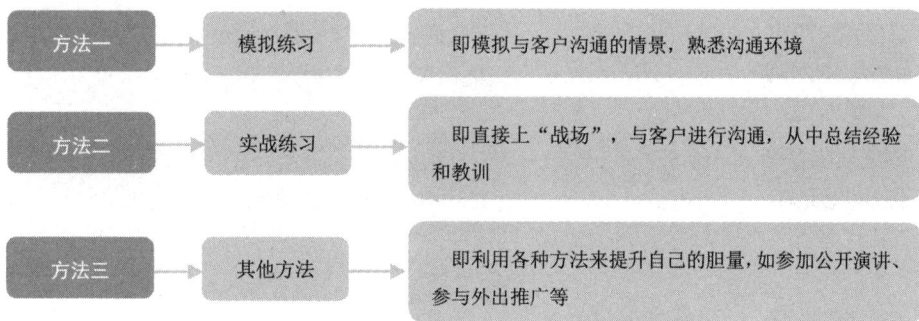

| 方法一 | → | 模拟练习 | → | 即模拟与客户沟通的情景，熟悉沟通环境 |
| 方法二 | → | 实战练习 | → | 即直接上"战场"，与客户进行沟通，从中总结经验和教训 |
| 方法三 | → | 其他方法 | → | 即利用各种方法来提升自己的胆量，如参加公开演讲、参与外出推广等 |

图1-6　房产经纪人加强沟通练习的方法

例如，每天固定打20通电话，向遇到的困难要答案，这是成长最好的办法。

如果客户拒绝你，就从拒绝中总结被拒绝的原因，想一想如何做才能不被拒绝。

如果客户反问你，就从反问中找到自己缺乏什么，私下赶紧学习。

如果客户刚好有需求，就根据【情景实战003】的内容，详细询问，并且一定要用笔记录客户的具体需求，这一点很重要。

# 【情景实战007】
# 外出推广，如何与有需求的客户建立沟通

【小房同学】问：

大鱼老师，在外出推广时，应该如何与有需求的客户建立沟通，将路人转化成客户呢？

【大鱼老师】答：

在外出推广时，房产经纪人面对的都是随机的路人，此时需要从中筛选出有需求的人群，并通过沟通了解他们的需求，从而将路人转化成客户。

具体来说，房产经纪人可以通过三步筛选出潜在客户，并与有需求的客户建立沟通，从而将路人转化成客户，如图1-7所示。

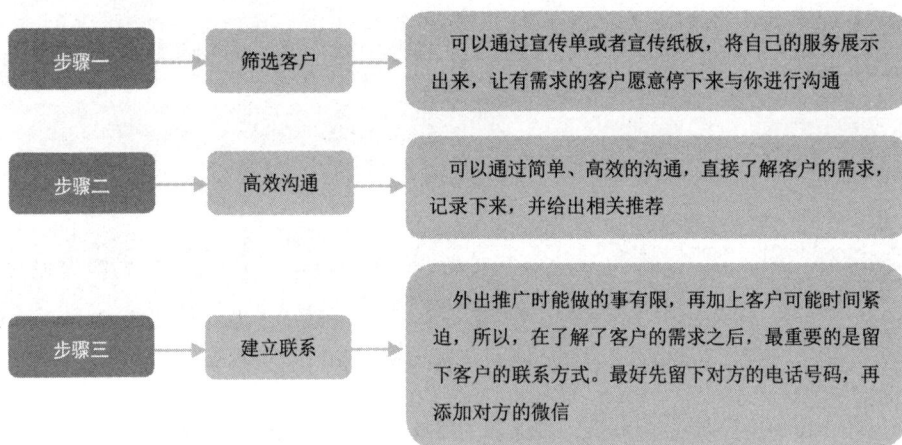

| 步骤一 → 筛选客户 | 可以通过宣传单或者宣传纸板，将自己的服务展示出来，让有需求的客户愿意停下来与你进行沟通 |
| --- | --- |
| 步骤二 → 高效沟通 | 可以通过简单、高效的沟通，直接了解客户的需求，记录下来，并给出相关推荐 |
| 步骤三 → 建立联系 | 外出推广时能做的事有限，再加上客户可能时间紧迫，所以，在了解了客户的需求之后，最重要的是留下客户的联系方式。最好先留下对方的电话号码，再添加对方的微信 |

图1-7　将路人转化成客户的步骤

读书笔记，自己的感悟与补充：

_____

_____

## 【情景实战008】
## 出售房屋，新手遇到卖房者应如何应对

【小房同学】问：

大鱼老师，作为一个二手房销售新手，在面对卖房者时，应如何应对呢？

【大鱼老师】答：

虽然是新手，但是房产经纪人遇事不要慌张，要有条不紊地进行沟通，让卖房者感觉到你是值得信赖的。

在面对卖房者时，房产经纪人可以重点做好以下工作，将卖房者变成你的客户，从而将他的二手房变成你的房源。

❶ 介绍二手房出售的相关服务。房产经纪人需要向卖房者介绍你能为他提供哪些服务，让卖房者看到你的价值。只有这样，卖房者才会觉得将房子委托给你销售是有必要的。

❷ 了解房源销售的相关信息。房产经纪人需要了解二手房的基本信息（如小区名称、位置、面积、楼层等相关信息），最好让对方提供电话号码、微信、房产证、身份证等信息，确保卖房者是有真实需求的客户，而不是随便问问。

❸ 制订二手房出售的初步方案。在了解了二手房的基本信息之后，房产经纪人可以凭借自身的专业知识，制订二手房出售的初步方案，让客户看到你的专业性，觉得你是值得信赖的。

需要注意的是，部分卖房者可能比较有主见，他们会根据自身的意愿给出售价，通常这个价格可能会高于市场行情。此时，房产经纪人有必要提醒卖房者，如果按照这个价格进行销售，可能很难将房子卖出去，同时给出合适的价格范围。当然，如果卖房者坚持己见，那么房产经纪人也不要勉强，毕竟房价的决定权在卖房者手中，但随着挂盘时间越来越长，以及拒绝成交的购房者越来越多，会引起卖房者的反思。

# 【情景实战009】
# 购买房屋，新手遇到购房者应如何应对

【小房同学】问：

大鱼老师，面对有购房需求的客户，二手房销售新手应如何应对，才能获得其信赖呢？

【大鱼老师】答：

购房者来找房产经纪人的目的主要就是想买到自己心仪的房子。房产经纪人可以针对这一点，向购房者证明你的价值和能力，让购房者明白你能帮他快速找到合适的二手房。

在遇到购房者时，房产经纪人可以将重点放在帮他买房上面，让购房者认可你。具体来说，房产经纪人需要重点做好以下三个方面的工作。

❶ 介绍二手房购买的相关服务。房产经纪人可以重点介绍能为购房者提供哪些服务，让购房者觉得你能帮他快速买到合适的二手房。

❷ 为购房者建立专门的档案。有道是知己知彼，百战不殆。房产经纪人可以为购房者建立档案，并根据档案来了解购房者的需求，为其推荐合适的二手房。具体来说，在购房者的档案中要重点记录四个方面的信息，具体内容如图1-8所示。

很多房产经纪人在建立购房者档案时，往往只记录购房者个人的基本信息和主要爱好。这样建立的档案是存在明显缺陷的，虽然出钱买房的可能是购房者，但是他的配偶、子女，甚至兄弟姐妹，可能会一起住，此时在购房者档案中记录所有家庭成员的信息显然是很有必要的。

❸ 根据档案信息推荐房源。房产经纪人可以根据购房者的购房需求来推荐房源。在此过程中，房产经纪人可能需要多一点儿耐心，因为你推荐的几套房

源，购房者不一定能喜欢。

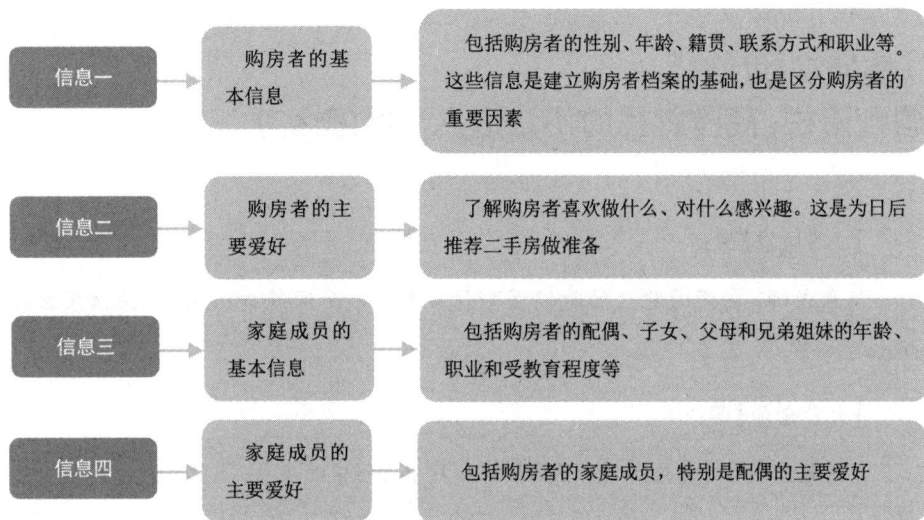

图1-8　建立购房者档案时要重点记录的信息

另外，如果购房者是通过拨打门店内的电话来找房，那么房产经纪人还需要在电话沟通时给对方留下良好的印象，因为只有这样，购房者才会愿意与你会面，就购房的相关事宜与你进行沟通。具体来说，房产经纪人需要重点做好以下几项工作。

❶ 及时接听电话。在大多数情况下，门店内的电话都与二手房业务相关，所以一定要及时接听。通常来说，电话响三声之后就可以接听了，太快或太慢接听都不太合适。

❷ 接听后先自报家门。在接听电话之后，房产经纪人可以先自报家门，这样不仅能体现出房产经纪人积极主动的服务态度，还能让购房者明白他没有打错电话。

例如，房产经纪人在接听电话之后，可以先说："您好，这里是××地产的××店，我是房产经纪人小刘，请问有什么可以帮您？"

❸ 树立良好的形象。在电话沟通时树立良好的形象，需要做好两点：一是文明礼貌，让购房者感受到你的素质；二是体现自己的专业性，让购房者觉得你是值得信赖的。

# 【情景实战010】
# 遇到阻拦，商圈跑盘时不让进入小区怎么办

【小房同学】问：

大鱼老师，在商圈跑盘的时候遇到保安阻拦，无法进入小区时，应该怎么处理呢？

【大鱼老师】答：

商圈跑盘的目的是增加对小区的了解和搜集小区中的房源。虽然不进小区也能达到这些目的，但是如果可以进入小区进行实地探查，当与客户沟通时会更有话语权，所以，房产经纪人最好还是要想办法进入小区。

在商圈跑盘遇到保安阻拦，不让进入小区时，房产经纪人可以通过一些方法进入小区，具体内容如图1-9所示。

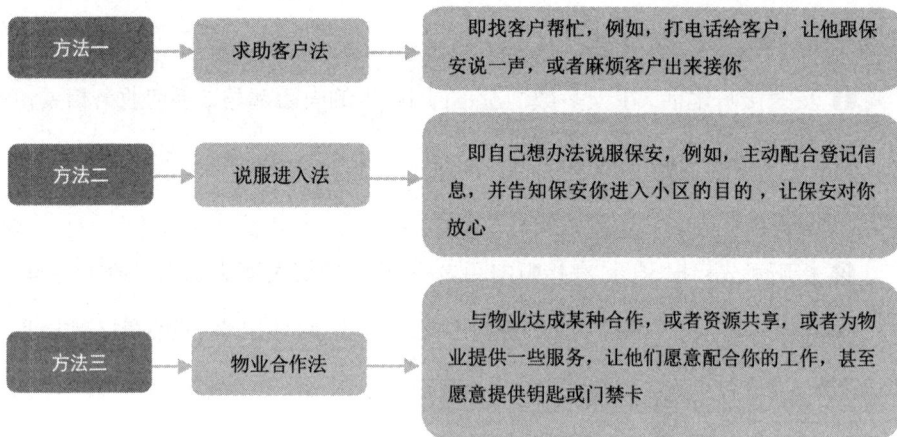

| 方法一 | 求助客户法 | 即找客户帮忙，例如，打电话给客户，让他跟保安说一声，或者麻烦客户出来接你 |
| --- | --- | --- |
| 方法二 | 说服进入法 | 即自己想办法说服保安，例如，主动配合登记信息，并告知保安你进入小区的目的，让保安对你放心 |
| 方法三 | 物业合作法 | 与物业达成某种合作，或者资源共享，或者为物业提供一些服务，让他们愿意配合你的工作，甚至愿意提供钥匙或门禁卡 |

图1-9　房产经纪人遇到保安阻拦时进入小区的方法

读书笔记，自己的感悟与补充：

_____

_____

# 【情景实战011】
# 客户五问，快速介绍二手房的相关信息

【小房同学】问：

大鱼老师，根据您的经验，客户对于二手房的哪些信息会比较在意呢？

【大鱼老师】答：

通常来说，购房者会重点询问五个方面的信息，即房子的质量、居住环境、周边配套、交通便利性和拆迁的风险。为了应对购房者的提问，房产经纪人需要通过与卖房者沟通并进行实地探查，先了解这五个方面的信息。

## 1. 房子的质量

二手房的质量好坏会直接影响购房者的购买意愿，那些明显存在质量问题的房源，即便降价出售，很多人可能也不会产生购买的意愿。这主要是因为有的质量问题不仅会影响房屋的美观，还会直接影响人们日常的生活。

具体来说，常见的二手房质量问题主要包括漏水、渗水、墙体开裂、门窗变形或损坏、管道堵塞和电路使用存在安全隐患等。房产经纪人在获得二手房的出售权之后，可以重点查看房子是否存在上述质量问题。这样，当购房者询问二手房的质量问题时，房产经纪人会更有底气。

例如，当购房者询问二手房是否存在质量问题，而房产经纪人经过实地探查并确定二手房不存在质量问题时，房产经纪人就可以对购房者说："我仔细看过，这套房子不存在任何质量问题。如果您不放心，那么我们可以随时去看房"。

## 2. 居住环境

二手房的居住环境主要是指小区的环境是否优美、居住是否舒心。一般来说，影响居住环境的因素主要包括小区的绿化面积、房屋的间距和朝向、房屋的视野、空气的清新程度、是否有噪声污染等。

### 3. 周边配套

二手房的周边配套主要包括商业配套（如附近有哪些娱乐场所）、教育配套（如附近有哪些教育机构、学校）、公共配套（如附近有没有公园、健身设施）、其他的自身配套（如小区里是否有自己的幼儿园），这些配套情况对于住户的工作、生活和学习等都会产生影响。

购房者在询问二手房的周边配套时，房产经纪人可以根据购房者的家庭情况，利用某些配套来引导其购买。例如，对于有送孩子上幼儿园需求的家庭，房产经纪人可以对购房者说："这个小区的楼下有配套的幼儿园，送孩子上幼儿园非常方便，您上班时只需把孩子送下楼即可。"

另外，有的购房者可能对二手房的某些周边配套不太满意，此时房产经纪人要适当进行引导，将弊端转化为优势，这样做可以有效提高购房者对该二手房的满意度。

例如，有的二手房采用的是一梯四户的设计，也就是说，一栋楼只配备了一部电梯，购房者会觉得等电梯比较麻烦。对此，房产经纪人可以告诉购房者，只要早一点儿出门，避开出行高峰期，其实影响也不是很大。而且这种设计有一个显著的优点，那就是公摊面积小，需要支付的购房款和物业费等都会相对少一些。

### 4. 交通便利性

二手房的交通便利性主要包括周围是否有公交站、地铁站、火车站和城际铁路站，以及乘车或开车前往城市中心、某些商业圈是否方便。虽然现在很多家庭都拥有私家车，但是有的人还是习惯乘坐公共交通出行。这主要是因为乘坐公共交通出行不仅能省去开车、停车的麻烦，还能节省一些不必要的开支。也正因如此，许多人在购买二手房时，都会特别看重交通的便利性。

### 5. 拆迁的风险

因为有些二手房的建造时间比较长，所以可能会面临拆迁的风险。对于购房者来说，遇到要拆迁的二手房是一件麻烦事儿。如果在交易过程中被告知二手房要面临拆迁，那么交易很可能很难继续下去；如果在交易之后二手房需要拆迁，则会影响购房者的正常生活。

因此，房产经纪人最好根据二手房的建造时间、所处的位置，以及相关的政策要求，对二手房的拆迁风险进行评估。这样房产经纪人只需在带看过程中将拆迁风险告知购房者，就能有效地避免一些纠纷。

## 【情景实战012】
## 卖房须知，了解二手房的交易流程和税费标准

【小房同学】问：

大鱼老师，如果要帮助卖房者出售二手房，那么我需要了解哪些交易信息呢？

【大鱼老师】答：

二手房出售不是简单地将房源信息展示出来就可以，它是一个包含众多环节的系统化"工程"。要做好这个"工程"，房产经纪人必须了解二手房的交易流程和税费标准，从而帮助卖房者顺利、快速地将房子卖出去。

基于限购政策，每座城市的二手房交易流程和税费标准都有所不同。房产经纪人要想了解这些信息，做好以下两点即可。

❶ 了解二手房所在城市的交易政策。最好去当地的房产交易政务窗口咨询，一般会在醒目的位置公示二手房的交易流程和税费标准等细节。如果没有公示这些信息，那么直接咨询工作人员即可，他们会给出一张流程表，这是最权威、最精准的交易信息。这是知"彼"。

❷ 了解本系统的二手房交易方式。现在每个房产品牌的交易系统都有自己的一些开放权限，要咨询店长本房产品牌的二手房交易流程和税费标准是否有独特的地方。这是知"己"。

只有知"己"知"彼"，才能在交易流程和税费标准等细节上给客户提供精准的信息与实操服务。

# 【情景实战013】
# 买房须知,了解购买二手房的贷款流程和利率等

【小房同学】问:

大鱼老师,许多购房者想了解购买二手房的贷款流程和利率等,我应该如何知道呢?

【大鱼老师】答:

要想知道购买二手房的贷款流程和利率,这也简单,请做好笔记。

近几年,随着国家政策对房地产市场的调控,贷款的流程,特别是利率变化频繁,甚至一年中会有多次变化。因此,要想精准了解购买二手房的贷款流程和利率,需要做到以下两点。

❶ 时刻关注国家贷款政策的变化。相关部门每隔一段时间就会根据市场的供需情况,调整贷款的利率,房产经纪人需要时刻了解国家贷款政策,并从中找出利好交易的信息。

❷ 去合作银行了解具体的贷款利率。对于调控政策、贷款利率,具体执行的主体还是各大银行,但每家银行具体的利率会有细微差别。因此,房产经纪人要详细了解合作银行给出的购买二手房的贷款流程和利率。

读书笔记,自己的感悟与补充:

_____

_____

_____

_____

第2章

# 11个技巧,
# 快速开发房源和客源

【小房同学】问:

大鱼老师,您觉得做好二手房销售的关键是什么?

【大鱼老师】答:

要想做好二手房销售,关键是想办法增加两个"源",即房源和客源,这两个"源"分别对应供给和需求。

如果你手上的房源和客源足够多,并做好匹配,那么你就离销冠越来越近了。

## 【情景实战014】
## 网上搜索，快速获取附近的房源

【小房同学】问：

大鱼老师，有没有方法可以实现坐在家里就能快速获取附近房源呢？

【大鱼老师】答：

当然有。很多人都会直接将房源信息发布到网上，我们可以直接通过网上的信息和房产平台来获取附近的房源。

### 1. 通过网上的信息获取房源

房产经纪人可以直接在浏览器中输入"房屋出售""二手房"等关键词（还可以直接加上楼盘名进行搜索），查看他人发布的信息，其中就有卖房者发布的一些房屋出售信息，如图2-1所示。房产经纪人可以直接通过房屋出售信息中的联系方式与卖房者进行沟通，将卖房者要出售的二手房变成自己手中的房源。

图2-1　卖房者发布的房屋出售信息

当然，要想提高房源的获取成功率，还得注意以下几点。

❶ 查看信息要有耐心。很多个人房主可能会直接将房子委托给房产经纪人

销售，而不会选择在网上发布销售信息，所以房产经纪人可能要寻找很久，才能找到附近的房源，在此过程中必须多一点儿耐心。

❷ 用自身的价值打动卖房者。卖房者通过在网上发布信息来出售二手房，无非两个目的：一是加大宣传力度，将房子更快地卖出去；二是节省居间服务费。如果卖房者是为了加大宣传力度，那么房产经纪人在与卖房者沟通之后，可以快速达成合作；但是，如果卖房者是想节省居间服务费，那么房产经纪人就需要通过展示自身的价值，让卖房者明白与你合作是更有利的，比如销售速度更快、资金更安全、可避免一些重大的风险等。

**2. 通过房产平台获取房源**

除了卖房者在网上发布的信息，房产经纪人还可以通过房产平台（包括一些提供房产销售服务的信息服务平台）来获取房源。具体来说，很多大型房产机构都开发了独立的 App，房产经纪人可以在这些 App 上查找附近的房源。下面就以贝壳 App 为例，对获取房源的具体操作进行说明。

▶▶ 步骤1　进入贝壳 App 的默认界面，点击界面上方的搜索框，如图 2-2 所示。

▶▶ 步骤2　执行操作后，❶在搜索框中输入地点的关键词；❷选择关键词对应区域所在的选项，如图 2-3 所示。

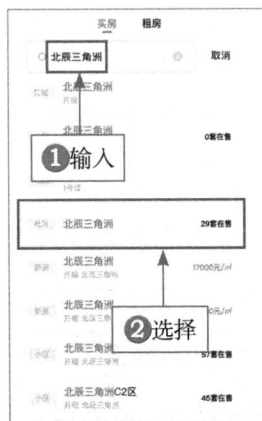

图 2-2　点击搜索框　　图 2-3　选择关键词对应区域所在的选项

▶▶ 步骤3　执行操作后,在界面中会展示对应区域的二手房源,选择对应的二手房源,如图2-4所示。

▶▶ 步骤4　执行操作后,即可查看该二手房源的相关信息,如图2-5所示。

图2-4　选择对应的二手房源

图2-5　查看二手房源的相关信息

当然,对于房产经纪人来说,关键还是要将二手房变成自己手中的房源。目前,在很多房产平台中展示的基本都是已经委托给房产中介销售的二手房,要想将其变成自己的房源,难度是比较大的。对此,房产经纪人可以转换思路,直接与卖房者(房东)联系,获得二手房的销售权。下面以58同城App为例,对具体操作进行说明。

▶▶ 步骤1　进入58同城App的"首页"界面,点击界面上方的搜索框,如图2-6所示。

▶▶ 步骤2　执行操作后,❶在搜索框中输入"个人房东";❷点击"搜索"按钮,如图2-7所示。

▶▶ 步骤3　执行操作后,会展示个人房东的二手房源,选择对应的二手房源,如图2-8所示。

▶▶ 步骤4　执行操作后,即可查看该二手房源的相关信息,如图2-9所示。有需要的房产经纪人还可以通过"微聊"(58同城App中为用户提供的一种在线聊天工具)或打电话的方式,直接与房东联系,争取获得对应二手房的销售权。

图 2-6　点击搜索框

图 2-7　点击"搜索"按钮

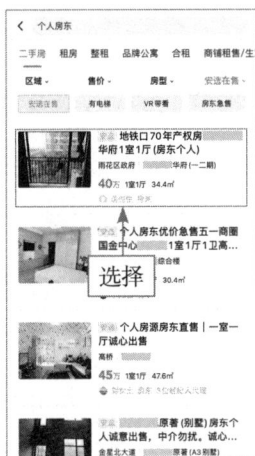

图 2-8　选择对应的二手房源

图 2-9　查看二手房源的相关信息

在通过房产平台的相关 App 查找房源时，房产经纪人也可以根据自身的需求进行搜索。例如，可以直接在 App 的搜索框中输入小区名称进行查找，看看该小区是否有房源正在出售。

每座城市的房产发布平台都不一样，所以获取房源信息的渠道也不一样。但是，无论身处哪座城市，房产经纪人必须做的一件事情便是找出所在城市发布房源信息的平台有哪些，然后在这些平台上尽可能地搜索与整理自己需要开发的房源，从而得到二手房销售较全面的信息。

# 【情景实战015】
# 线下搜索，网罗附近商圈的房源

【小房同学】问：

大鱼老师，我觉得通过网上搜索房源虽然比较轻松，但是想要找到附近符合要求的房源却不是一件容易的事儿。那么，我们是否可以直接在线下进行搜索，获得附近的房源呢？

【大鱼老师】答：

其实，房产经纪人可以将跑商圈和搜索附近的房源结合起来，在跑商圈的过程中，仔细观察附近张贴的售房信息，并通过与个人房东沟通，将附近的二手房变成自己的房源。

对于房产经纪人来说，商圈跑盘不仅是熟悉附近环境的一种有效手段，还是网罗附近房源必须做好的一项工作。在商圈跑盘的过程中，房产经纪人如果比较用心，可能就会发现一些房源。

例如，在一些墙壁上可能会张贴着二手房销售信息，如图2-10所示。房产经纪人可以通过二手房销售信息中提供的联系方式，直接与房东联系，争取获得对应二手房的销售权。

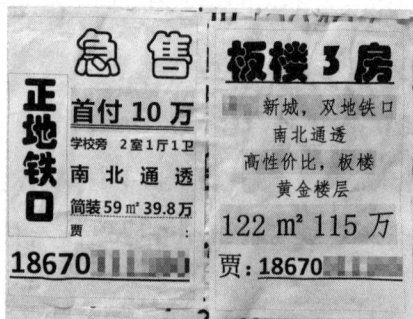

图2-10　墙壁上的二手房销售信息

对于房产经纪人来说，跑商圈不是去逛街，而是一项重要的工作内容。为了将附近更多的房源网罗到自己手中，房产经纪人需要在跑商圈的过程中注意以下几点。

❶ 了解附近商圈经常张贴各种营销信息的地方，从中查找二手房销售信息。很多小区，特别是楼龄比较老的小区，都会有固定展示营销信息的地方。房产经纪人需要查看这些地方的营销信息，并从中查找关于二手房出售的信息。

❷ 适当降慢速度，仔细观察周围。有的房产经纪人为了提高跑商圈的速度，可能只查看固定地方的营销信息，这样做很容易忽略一些信息。因此，在跑商圈的过程中，房产经纪人最好慢慢地观看周围的信息，这样才有可能将卖房者张贴的二手房销售信息尽收眼底。

例如，有的卖房者可能会在自家窗户上、楼栋和地下车库的进出口等地方张贴二手房销售信息。如果房产经纪人走得比较快，没有注意这些地方，可能就难以发现二手房销售信息。

❸ 试着走一走之前没有走过的线路。在跑商圈的过程中，如果房产经纪人一直重复同样的线路，可能就无法看到卖房者在其他地方展示的二手房销售信息。所以，在跑商圈时，房产经纪人最好时不时地换一下线路，这样才可能看到其他房产经纪人尚未发现的信息。

❹ 分辨信息，筛选出有价值的房源。在跑商圈时，房产经纪人可能会看到很多二手房销售信息，这些信息有的是卖房者自己张贴的，有的则是其他房产经纪人张贴的。房产经纪人需要用心挑选出卖房者张贴的二手房销售信息，并通过其中载明的联系方式与卖房者进行沟通，从而将对应的二手房变成自己手中的房源。

*读书笔记，自己的感悟与补充：*

_____

_____

# 【情景实战016】
# 开展地推，把自己推荐给潜在客户

【小房同学】问：

大鱼老师，我们这里有很多房产机构，竞争十分激烈，最近专门来找我买卖二手房的人很少。在这种情况下，应该怎样快速地开发房源和客源呢？

【大鱼老师】答：

像你这种情况，主要是客户的选择太多，可能连你是谁都不知道，更不用说找你谈业务了。面对这种情况，我们可以通过开展地推，把自己推荐给潜在客户，增加自身的曝光量，从而获得更多的房源和客源。

地推就是地面推广，即通过派发宣传单、张贴宣传信息等方式进行推广，以此来增加产品、品牌（包括机构）和人物的曝光量。房产经纪人要想通过地推获得更多的房源和客源，还得熟练使用以下几种地推方法。

❶ 张贴宣传信息。房产经纪人可以在客户经常路过的地方（如小区楼下、楼梯间、车库和固定的信息展示区域）张贴宣传信息，目的是让更多的客户看到你的宣传信息。图2-11为房产经纪人张贴的宣传信息，通过该宣传信息，客户不仅可以了解某套房源，还可以与房产经纪人取得联系，从而查看更多的房源信息。

❷ 派发宣传单。房产经纪人可以将房源信息和个人介绍等内容制作成一张宣传单，并通过派发宣传单的方式，让更多的客户了解你。

❸ 设置专门的宣传点。房产经纪人可以在某些地方设置专门的宣传点，通过为客户答疑解惑，对自身和所在的机构进行营销推广。

❹ 站在店外主动揽客。房产经纪人可以在闲暇的时候，专门拿出一些时间，站在店外招呼过往的人群，将有需求的客户邀请进店内详谈。

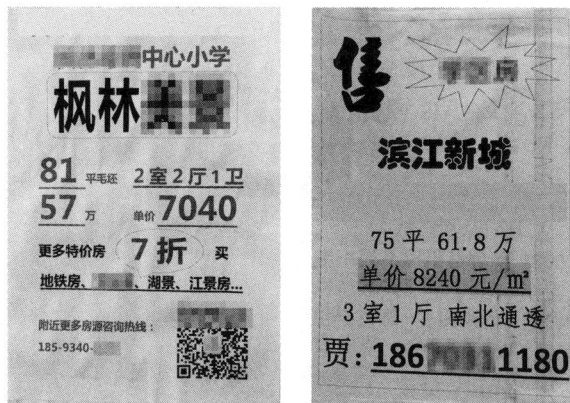

图2-11 房产经纪人张贴的宣传信息

另外，在地推过程中，要想快速获得更多的房源和客源，房产经纪人还需要注意以下几点。

❶ 选择人群集中的区域做推广。房产经纪人可以选择人群比较集中的区域（如公交站、地铁站、商场和菜市场的入口等）重点进行地推，以便获得更好的效果。

❷ 体现自身的专业性。房产经纪人需要在宣传单中对自己进行介绍，让潜在客户看到你的专业性，愿意找你合作。

例如，房产经纪人可以在宣传单中介绍自己手中拥有的房源和客源量，以及从业以来的二手房成交量，让客户一看就知道你拥有丰富的二手房销售经验，这样就会有更多的客户愿意通过你买卖二手房。

❸ 提供多种联系方式。房产经纪人需要在宣传单中为潜在客户提供多种联系方式（如手机号码、微信号和QQ号等），以便有需求的人群可以快速找到你。

读书笔记，自己的感悟与补充：

_____

_____

_____

# 【情景实战017】
# 借助物业，获得一手房源和客源

【小房同学】问：

大鱼老师，物业人员可能比较了解所在小区的二手房买卖需求，那么我们可不可以借助物业来获得房源和客源呢？

【大鱼老师】答：

当然可以。物业人员长期生活在小区内，对小区的相关情况会比较了解。房产经纪人可以与物业人员进行沟通，以此来获得一手房源和客源。

在借助物业开发房源和客源时，房产经纪人可以重点从以下人员入手，了解小区内的业主和住户对买卖二手房的需求。

❶ 物业客服人员。部分业主和住户会询问物业客服人员，是否有人需要买房或卖房，有的物业客服人员可能还会将业主和住户的需求记录下来。因此，房产经纪人可以与物业客服人员进行沟通，从而获得相关业主和住户的联系方式。

例如，有些物业人员会兼做房屋的出租和出售业务，他们的优势是房源，而房产经纪人的优势是客源，双方可以进行互补式合作。

❷ 保洁人员。保洁人员每天都需要在小区里的多个地方做清洁，她们最清楚哪户有人住、哪户没人住，那些没人住的房源便是我们要重点开发的。

例如，许多写字楼里的办公室出售，一般会直接在门上张贴出售说明，而保洁人员对此最为清楚，可以找她们帮忙介绍。

❸ 小区保安。小区保安经常待在小区的进出口，随着工作时间的增长，可能会获得部分业主和住户的信任，所以他们对业主和住户买卖二手房的需求可能也会有所了解。

例如，夏天天气比较热，可以找小区保安聊一聊，请他们喝一杯冷饮。退一步想，即使保安不知道具体哪一套房源，但他隶属于物业部门，也会比外人更清楚小区的房源情况。

# 【情景实战018】
# 打入内部，通过业主群获取信息

【小房同学】问：

大鱼老师，我听说有的客户会在业主群中发布二手房销售信息，那么我们能不能想办法进入业主群，从业主群中直接获取房源呢？

【大鱼老师】答：

对于房产经纪人来说，业主群是发布和获取信息的一个重要渠道，加入业主群就相当于打入了业主的内部，关键是如何才能进入业主群呢？

对于房产经纪人来说，加入业主群是直接获取信息和客源的一条重要渠道。那么，房产经纪人要如何加入业主群呢？下面介绍几种常用的办法。

❶ 以业主身份加入。如果房产经纪人本身就是小区的业主，那么进入业主群就简单了，提供相关的购房证明就可以了。

❷ 找亲朋好友帮忙。想一想有没有亲戚、朋友或者熟人在该小区里买了房子，可以以他们家人的身份加入。即使加入不了，一旦群里有相关信息，也可以请他们帮忙转告。

❸ 找物业客服人员帮忙。如果没有熟人在业主群中，那么房产经纪人可以直接找物业客服人员，让他们想办法将自己拉进业主群。

例如，很多小区都有专门的物业服务中心，而且通常会有专门的客服人员。房产经纪人可以进入物业服务中心，与客服人员进行沟通，让其帮忙将自己拉进业主群。

❹ 找群主帮忙。现在许多业主群都是业主自发建立的，而不是物业建立的，因此可以找群主想想办法。

❺ 找成交的客户帮忙。作为专攻某个小区的房产经纪人，在该小区里一定成交过多套房源，在一开始与他们打交道时，就注意提供超值的服务，与新、老

业主建立好联系，最好与他们成为朋友，如果有人在业主群里发布出售或购房信息，让他们帮忙转告一下。

例如，某个房产经纪人平常特别注意与成交的客户处理关系，在客户其他房子的出租或出售上，免费提供了许多咨询与帮助。加上门店就在小区楼下，有时客户的小孩提前放学就帮助照顾一下。客户很感动，一旦业主群里有人发布出售或购房信息，他都会第一时间告知该房产经纪人。

进入业主群只是第一步，接下来的事也很重要，尤其要注意以下几点。

❶ 一定不要在业主群里发广告，因为发广告本身就令人生厌，更何况还是房产经纪人发的广告。

❷ 尽量不要曝光自己是房产经纪人，因为有些业主很反感外人加入业主群，甚至会要求群主将该人移出业主群。

❸ 有些业主群，特别是交易率非常高的小区，对房产经纪人的包容度较高，允许房产经纪人的存在，甚至还会在群里主动找房产经纪人咨询房价、客源等情况，这时便是房产经纪人亮相的好时机了。

❹ 一旦有业主发布售房信息，就可以找他私聊，告知有熟人想买他的房子，根据实战经验，这种情况下的通过率会非常高。

例如，某小区的业主想卖房，你私下加他的微信，说有朋友恰好想买这个小区里的房子。加他微信最好的时机就是他刚发布卖房信息的时候，他也没想到，一发布信息就有人咨询，真是有"效果"，关键是这个时间他在使用微信，更容易通过你的加好友申请。

**读书笔记，自己的感悟与补充：**

_____

_____

_____

# 【情景实战019】
# 他人助力，通过亲戚朋友获得房源

【小房同学】问：

大鱼老师，有时候我觉得一个人找房源效率太低了，忙得焦头烂额也找不到几套合适的房源，工作久了就显得有些力不从心。

【大鱼老师】答：

每个人的力量都是有限的，除了自己努力外，有时候懂得借助他人的力量也很重要。具体来说，房产经纪人可以通过身边的亲戚朋友来获得房源，让亲戚朋友成为你的推广员和信息收集者。

每个房产经纪人的身边都有不少亲戚朋友，特别是在微信里，少则几十人，多则上百人、上千人。试想，如果每个人都能帮你推荐一套房源或客源，那么你是不是不用愁业绩不达标了？

不过，任何人都不会平白无故地帮你。为了让更多的亲戚朋友愿意帮你做推广和信息收集，房产经纪人还要用心做好以下工作。

❶ 让亲戚朋友知道你从事的工作。多与亲戚朋友联系，告诉他们你在从事二手房销售方面的工作。

例如，房产经纪人可以通过发朋友圈、在微信群里发布推广信息等方式，让亲戚朋友知道你在从事二手房销售工作。有需要的房产经纪人还可以通过给亲戚朋友一一发短信、微信或QQ等方式，让亲戚朋友帮忙留意一下周围是否有买卖二手房需求的人。

❷ 适当地给亲戚朋友一些鼓励。对于亲戚朋友来说，人家帮你，是付出了时间、精力的，所以给那些助力达成交易的亲戚朋友一些感谢或者鼓励是很有必要的。

❸ 重点经营做房产投资的亲戚朋友。对于有多套房子的亲戚朋友,房产经纪人一定要重点对待,多提供免费的帮助,这样,一旦他们有房子要卖,就会第一时间想到你。

除了寻常意义上的亲戚朋友,房产经纪人在工作过程中遇到的一些人(如客户)也可以成为你的朋友。房产经纪人可以先获得这些朋友的信任,然后通过逢年过节的祝福信息及礼品等方式长期维护,让他们乐意为你介绍房源和客源。

例如,房产经纪人可以通过以下几种方式来维系与客户的关系,让他们主动帮你做营销推广。

❶ 推荐有礼。对于为你转介资源的客户,房产经纪人可以适当地赠送一些礼品,这样能让老客户产生被重视的感觉,一旦身边有人要买卖二手房,他们就会主动推荐给你。

❷ 推荐享受折扣。对于为你推荐业务的客户,在买卖二手房时可以享受一定的中介费折扣,这样不仅能提升客户为你推荐业务的积极性,还能起到提高成交量的作用。

❸ 推荐获得奖励。直接给推荐成功的客户赠送一笔转介费,这样的奖励会让客户觉得更加实在,也能让客户更有积极性。


**读书笔记,自己的感悟与补充:**

_____

_____

_____

**实操心得,记下来让自己更上一层楼:**

_____

_____

_____

# 【情景实战020】
# 社交平台，如何高效查找房源信息

【小房同学】问：

大鱼老师，很多人经常通过社交平台发布信息，那么我们能否在这些平台上查找二手房源信息呢？

【大鱼老师】答：

在很多社交平台（如抖音、微信）上都聚集了大量的用户和信息，房产经纪人可以通过一些简单的操作，快速从这些平台上查找同城的房源信息。

## 1. 抖音

抖音平台为用户提供了搜索功能，房产经纪人可以借助该功能查找同城的房源信息，具体操作步骤如下。

▶▶ 步骤1　进入抖音App的"首页"界面，点击右上方的🔍图标，如图2-12所示。

▶▶ 步骤2　执行操作后，进入抖音搜索界面，点击上方的搜索框，如图2-13所示。

图2-12　点击🔍图标

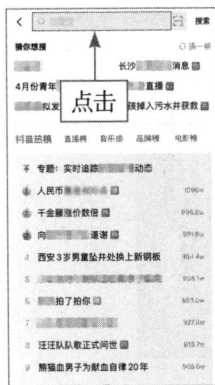

图2-13　点击搜索框

▶▶ 步骤3 执行操作后，❶在搜索框中输入"二手房"；❷点击"搜索"按钮，如图2-14所示。

▶▶ 步骤4 执行操作后，进入搜索结果界面，点击界面中的"房源"按钮，如图2-15所示。

图2-14 点击"搜索"按钮　　　图2-15 点击"房源"按钮

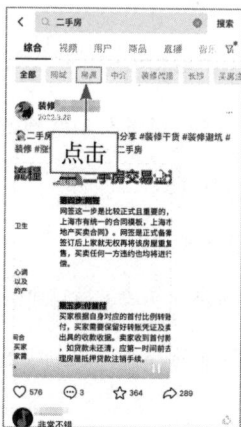

▶▶ 步骤5 执行操作后，在界面中会展示各类房源信息，点击对应房源的营销推广短视频，如图2-16所示。

▶▶ 步骤6 执行操作后，即可全屏查看该房源的营销推广短视频，如图2-17所示。

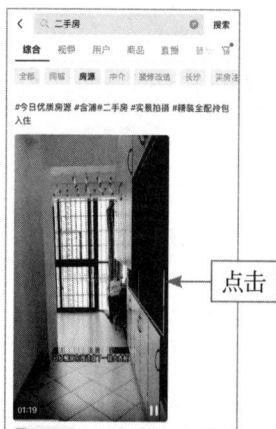

图2-16 点击对应房源的营销推广短视频　图2-17 全屏查看房源的营销推广短视频

**2. 快手**

和抖音平台一样，在快手平台上也可以直接搜索并查看房源信息，具体操作步骤如下。

▶▷ 步骤1　进入快手 App 的"首页"界面，点击右上方的 🔍 图标，如图 2-18 所示。

▶▷ 步骤2　执行操作后，进入快手搜索界面，点击上方的搜索框，如图 2-19 所示。

图 2-18　点击 🔍 图标

图 2-19　点击搜索框

▶▷ 步骤3　执行操作后，❶ 在搜索框中输入"二手房"；❷ 点击"搜索"按钮，如图 2-20 所示。

▶▷ 步骤4　执行操作后，进入搜索结果界面，点击界面中的"同城"按钮，如图 2-21 所示。

▶▷ 步骤5　执行操作后，在界面中会显示同城二手房营销推广短视频，房产经纪人可以点击对应营销推广短视频的封面，如图 2-22 所示，查看房源信息。

▶▷ 步骤6　执行操作后，即可全屏查看该二手房的营销推广短视频，了解房源的相关信息，如图 2-23 所示。

图2-20　点击"搜索"按钮

图2-21　点击"同城"按钮

图2-22　点击对应营销推广短视频的封面

图2-23　全屏查看二手房的营销推广短视频

### 3. 微信

在微信平台上有一个"搜一搜"功能，房产经纪人可以借助该功能查找微信平台上的同城二手房源，具体操作步骤如下。

▶▶ 步骤1　进入微信App的"发现"界面，选择"搜一搜"选项，如图2-24所示。

▶▶ 步骤2　执行操作后，进入"搜一搜"界面，点击搜索框，如图2-25所示。

▶▶ 步骤3　执行操作后，❶在搜索框中输入"城市名+二手房"，如"长沙二手房"；❷点击"搜索"按钮，如图2-26所示。

▶▶ 步骤4　执行操作后，进入搜索结果界面，在该界面中会展示同城二手房的相关信息，如图2-27所示。房产经纪人可以点击查看搜索结果中的相关信息，从中筛选出有价值的二手房源信息。

图2-24　选择"搜一搜"选项

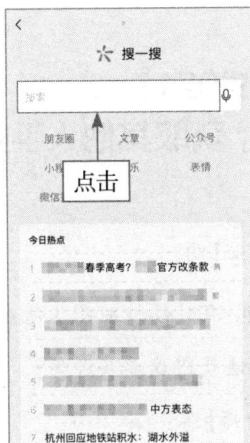

图2-25　点击搜索框

图2-26　点击"搜索"按钮

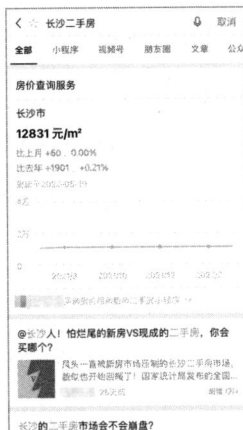

图2-27　展示同城二手房的相关信息

如果你想查找某个小区的精准房源，可以直接搜索该小区的房源。近几年，随着抖音、快手、视频号、B站、小红书等平台的兴起，越来越多的房产经纪人通过这些平台开发房源。

如果你缺乏客源，也可以在这些平台上进行开发。对于其他房产经纪人发布的房源信息，有意向的买主可能会在评论区里留言，这时，你开发客源的机会就来了。你可以加这个买主的微信进行私聊，告知他自己有该小区的多套房源可供选择，可以让他对比价格，以免吃亏。这时候，对方一般都会通过你的加好友申请，以便了解你手上的具体房源信息。

## 【情景实战021】
## 资源共享，获取其他人手中的房源

【小房同学】问：

大鱼老师，有时候特别是其他房产经纪人手中可能拥有我们没有的房源，那么我们能不能想办法获得这些房源呢？

【大鱼老师】答：

很多房产经纪人可能都有独享的房源，我们可以通过资源共享的方式与其他房产经纪人进行合作，从而获取他们手中的房源。

进行资源共享，获取其他人手中的房源，不仅可以快速增加自己手中的房源，还能更好地满足客户的需求，提高自身的成交率。当然，要想更好地与他人合作，实现资源共享，房产经纪人需要重点做好以下几项工作。

❶ 展现实力。将自己手中的合适房源告知对方，让对方明白不是自己想要占便宜，而是为了实现共赢。

例如，房产经纪人可以找那些虽然从事二手房销售时间不长，但是拥有独享房源的人群进行合作。这些人手中的房源数量没有你手中的房源数量多，可能会更容易达成合作。

❷ 体现诚意。房产经纪人可以请对方吃饭，在吃饭的过程中表明自己的想法，并且表达出售出对方手中的房源之后，可以给对方一定比例的佣金。这样，双方便成了合作伙伴，对方也会希望你帮他卖出手里的房源。

不过，不同的二手房品牌商出于保护自己的利益等原因，一般不主张资源共享。但事实上，一些品牌商，比如贝壳，已经将大部分房源发布在贝壳App平台上了。

## 【情景实战022】
## 联系房东，获得二手房的委托销售权

【小房同学】问：

大鱼老师，在搜索到房源之后，我们应该怎样联系房东（卖房者），获得对应二手房的委托销售权呢？

【大鱼老师】答：

通常来说，在卖房者展示的二手房销售信息中会提供联系方式，房产经纪人只需通过其中载明的联系方式与卖房者进行沟通即可。当然，要想让卖房者将二手房源的销售权委托给你，房产经纪人还得掌握一些沟通技巧。

为什么卖房者要将房源、钥匙和房产证等相关证件交给你，让你帮他卖房呢？这是房产经纪人在与卖房者沟通时必须重点考虑的一个问题。房产经纪人可以结合自身的优势来回答这个问题，让卖房者更愿意将二手房委托给你进行销售。

❶ 速度优势。相比于卖房者，房产经纪人销售二手房的经验更丰富，知道如何更快地将二手房销售出去。

❷ 专业价值。房产经纪人可以向卖房者强调，自己从事房产行业的时间长，积累了丰富的经验，比起大多数同行更加专业。

❸ 客源优势。房产经纪人可以告知卖房者，自己手中有大量需要购买二手房的人群，能够帮卖房者卖出更好的价格。

❹ 地理优势。房产经纪人所在的门店靠近二手房，无论是带看还是借钥匙给其他中介，都是很方便的。

有的卖房者虽然愿意委托房产经纪人销售二手房，但是不愿意留下钥匙。对此，房产经纪人可以给卖房者几个留下钥匙的理由。

❶ 利于销售。房产经纪人可以告诉卖房者，根据自己的经验，那些留下钥匙的二手房更容易销售出去，因为这样带看会更方便。

❷ 省去麻烦。如果卖房者不愿意留下钥匙，那么每次带看卖房者都只能陪同，这样显然是非常麻烦的。

# 【情景实战023】
# 营销推广，增加房源信息的曝光量

【小房同学】问：

大鱼老师，获得客户太难了，有没有什么有效的方法可以快速获得客户呢？

【大鱼老师】答：

获得客户的方法有很多，其中比较简单、有效的一种方法就是通过营销推广来增加房源信息的曝光量，从而吸引更多潜在客户的关注，让客户主动找你买房。

做不做推广、如何做推广，都会影响获得客户的效果。对于房产经纪人来说，推广是必须重点做好的一项工作，很多时候客户就是被推广信息吸引过来的。那么，房产经纪人应如何做好房源信息的推广呢？通常来说，房产经纪人可以通过文字、图片、直播、视频等方式对房源信息进行推广，从而增加二手房对客户的吸引力。

## 1. 文字

文字是传递信息的一种重要载体，很多人都习惯于通过文字掌握相关信息。不过，与一般的文字信息不同，营销推广的文字需要起到促进销售的作用。那么，房产经纪人应如何做好文字推广内容呢？具体来说，房产经纪人可以重点把握以下几点。

❶ 展示自身优势。房产经纪人可以在房源推广信息中展示自身优势，让客户明白找你买房很方便。图2-28为某二手房的推广信息，可以看到其信息推广标题中便重点展示了房产经纪人的优势。

图2-28　在二手房信息推广标题中展示自身优势

❷ 展示房源优势。房产经纪人可以直接将房源具有的优势展示在二手房信息、推广标题中，如图2-29所示。这样，当有购房需求的客户看到标题之后，就会更愿意点击查看房源信息，而房源信息的曝光量自然也就增加了。

图2-29　在二手房信息推广标题中展示房源优势

❸ 使用吸睛词汇。房产经纪人可以在二手房信息推广标题中使用"急""急售"等词汇，快速吸引潜在客户的注意力，让潜在客户忍不住想要查看房源信息。图2-30为某二手房的推广信息，可以看到其标题中频繁使用了"急"字。

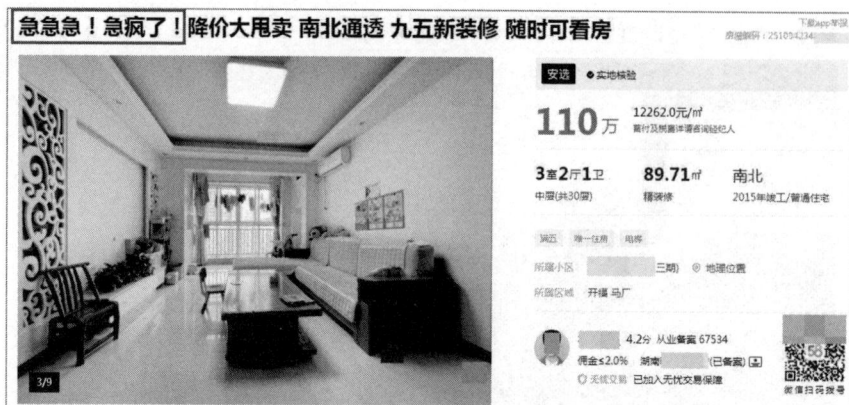

图2-30　在二手房信息推广标题中使用吸睛词汇

❹ 体现购房福利。房产经纪人可以在二手房信息推广标题中重点体现购房福利，目的是增加购房者的购买获得感，促使购房者点击查看房源信息。图2-31为某二手房的推广信息，可以看到其标题中便体现了"买房送车位"这一购房福利。

图2-31　在二手房信息推广标题中体现购房福利

## 2. 图片

与文字内容相比，图片（包括宣传海报）的视觉冲击力更强，也更容易吸引客户驻足观看。当然，要想让图片内容更具吸引力，房产经纪人在制作图片时还需要注意以下几点。

❶ 留下联系方式。为了方便有需求的客户及时找到你，房产经纪人必须在宣传推广图片上留下自己的联系方式。当然，房产经纪人也可以在宣传推广图片上留下多种联系方式，这样可以为客户联系你提供便利。图 2-32 为部分二手房的相关宣传推广图片，可以看到这些图片上便提供了电话、地址、二维码等多种联系方式。

图 2-32　二手房宣传推广图片

❷ 主题突出。每张宣传推广图片都要有一个明确的主题，要让客户看到之后马上就能明白宣传推广的主要内容。

❸ 美观度高。人都是视觉动物，那些设计感强、美观度高的宣传推广图片会更容易吸引客户的目光。

### 3. 直播

与文字、图片和视频相比，直播的优势就在于可以实时呈现画面内容，与潜在客户进行在线沟通。也正是因为如此，越来越多的房产机构和房产经纪人开始通过直播推广手中的房源，如图 2-33 所示。那么，如何做好二手房的营销推广直播呢？这就要求房产经纪人重点把握以下几点。

图2-33  通过直播推广二手房

❶ 画面显示效果佳。直播画面的显示效果会直接影响观众的观看意愿,如果画面显示效果太差,那么很多人可能会失去观看的意愿。对此,房产经纪人需要使用像素比较高的设备进行直播,并且使用稳定器等设备维持画面的稳定。

❷ 及时回答观众的问题。直播的一大优势就是能与潜在客户进行在线沟通,而在观看直播的观众中就有很多潜在客户,所以在直播时要关注弹幕内容,及时回答弹幕中的相关问题,为观众答疑解惑。

❸ 展示二手房的主要卖点。通过直播展示二手房的主要卖点,不仅可以增加观众对二手房的了解,还能提高观众的购买欲望。

### 4. 视频

近年来,视频,特别是短视频领域的飞速发展,使得越来越多的人开始在闲暇时观看短视频内容。对此,房产经纪人可以为二手房制作专门的短视频,让更多人看到你的房源信息。当然,为了让更多人观看你的短视频,房产经纪人在制作短视频时还需要注意以下几点。

❶ 展示二手房的基本信息。房产经纪人需要通过短视频呈现二手房的基本信息,比如有几间房、每间房的布局是怎样的、售价是多少等。图2-34为某二手

房的营销推广短视频，在该短视频中便对每间房都进行了展示。

图2-34　二手房营销推广短视频

❷ 制作有吸引力的短视频封面。很多人会通过封面判断是否观看短视频内容，因此，房产经纪人要在短视频封面中展示有吸引力的内容。图2-35为部分短视频封面，可以看到这些封面中便对有吸引力的价格进行了突出显示。

图2-35　短视频封面

另外，在通过短视频推广二手房源时，房产经纪人需要着重打造一个垂直类的短视频账号，让客户看到你的专业性，这样客户会更加信任你。具体来说，打造垂直类的短视频账号需要做好以下工作。

❶ 专号专用。创建专门的二手房营销推广抖音号，并且在该账号中只分享与二手房相关的内容。例如，某房产经纪人就创建了专门的抖音号，并通过该抖音号发布了大量的二手房营销推广短视频，如图2-36所示。

图2-36　通过专门的抖音号发布二手房营销推广短视频

❷ 房源信息要真实有效。也就是说，最好只发布自己手中已经查验过的房源（不要帮别人打广告），而且如果推荐的房源已经售出，需要及时删除相关的营销推广内容。

❸ 保持内容的发布频率。以发布二手房营销推广短视频为例，最好一天内不要发布超过三条短视频，也不能出现一周一条短视频都不发布的情况。

以通过短视频展示房源信息为例，房产经纪人可以通过如下操作在抖音平台中发布短视频，展示自己手中的房源。

▶▶ 步骤1　登录抖音App，点击"首页"界面中的 ➕ 图标，如图2-37所示。

▶▶ 步骤2　进入"快拍"界面，房产经纪人可以在该界面中选择直接拍摄营销短视频，也可以选择上传已拍摄完成的短视频。以上传已拍摄完成的短视频为例，只需点击"相册"按钮即可，如图2-38所示。

▶▶ 步骤3 执行操作后，会弹出"最近项目"对话框，在对话框中选择二手房营销推广短视频，如图2-39所示。

▶▶ 步骤4 进入二手房营销短视频的预览界面，查看短视频的具体内容，确认短视频无误后，点击"下一步"按钮，如图2-40所示。

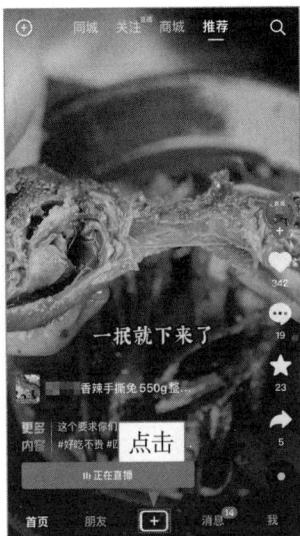

图2-37　点击 ➕ 图标

图2-38　点击"相册"按钮

图2-39　选择二手房营销推广短视频

图2-40　点击"下一步"按钮（1）

▶▶ 步骤5 进入二手房营销推广短视频的编辑界面，房产经纪人可以在该界面中进行选择背景音乐、删除多余的短视频片段和设置短视频特效等操作。短视频编辑完成后，点击"下一步"按钮，如图2-41所示。

▶▶ 步骤6 进入"发布"界面，❶在该界面中设置短视频标题和封面等信息；❷点击"发布"按钮，如图2-42所示。

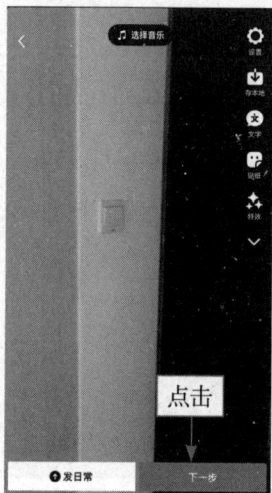

图2-41 点击"下一步"按钮（2）　　　　图2-42 点击"发布"按钮

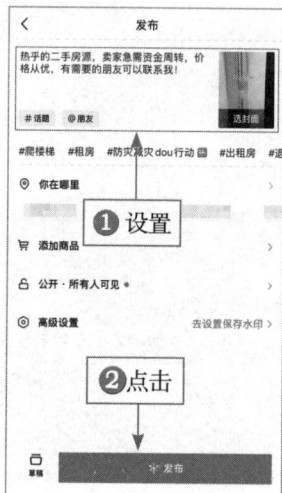

▶▶ 步骤7 执行操作后，即可将二手房营销推广短视频发布至抖音平台上。有购房需求的用户看到短视频之后，如果对你的房源感兴趣，便会通过私信等方式与你取得联系。

房产经纪人可以通过抖音App"发布"界面的相关设置来增强短视频的针对性。例如，可以通过定位，让观看短视频的用户知道房源的具体位置，从而吸引更多附近的购房者实地看房。

读书笔记，自己的感悟与补充：

_____

_____

_____

# 【情景实战024】
# 同行有很多，购房者为何要找你来买房

【小房同学】问：

大鱼老师，同行有很多，应如何吸引购房者来找我买房呢？

【大鱼老师】答：

虽然房产经纪人有很多，但是每个人都有自己的优势，或者说都有自己的独特亮点。房产经纪人在与购房者进行沟通时，要懂得通过展示自身的亮点来打动购房者。

房产经纪人可以结合自身的从业经验、从业环境和个人性格等因素，总结出自身的亮点。这样，在与购房者进行沟通的过程中，房产经纪人只需将这些亮点一一展现出来，就能体现出自己的价值，进而获得购房者的信任。具体来说，房产经纪人的亮点主要体现在以下几个方面。

❶ 成交数量多。房产经纪人可以将从业以来的成交数量、平均每年的成交数量和成交最多的年成交量展示出来，让购房者看到你在促成二手房交易方面的能力。

❷ 房源数量全。房产经纪人可以将房源数量作为卖点，让购房者觉得他想要的房源你都有。当然，这里并不是说一定要展示自己手中具体的房源数量，而是说要让购房者觉得你手中的房源能完全满足他的需求。

例如，房产经纪人可以重点突出自己在某个小区中拥有足够多的房源，可以带客户看完几乎整个小区的二手房源。这样，当购房者需要在该小区购买二手房时，为了更快地找到合适的房源，可能就会优先找你看房。

❸ 从业时间长。房产经纪人可以告诉购房者自己的从业时间长，知道如何

帮助购房者挑选和购买合适的房源。

❹ 中介费用低。有的房产经纪人收取的中介费用比其他同行收取的中介费用要少，此时该房产经纪人便可以将中介费用低作为自身的优势，让购房者明白找你合作可以省下不少钱。

❺ 资金交易安全。有的购房者比较担心会出现资金交易风险，对此，房产经纪人可以将支付方式安全、有第三方作保证和资金交易会签订相关合同等作为理由，让购房者放心地进行交易。

例如，当购房者觉得资金交易有风险时，房产经纪人可以对购房者说："我们现在基本上是通过网上转账的方式来进行二手房交易款项的支付，支付的款项都是可以查询的，而且在交易过程中还会签订相关的合同，所以基本上不会出现资金交易风险。"

❻ 交易经验丰富。房产经纪人可以重点展示自身丰富的交易经验，让购房者明白你深谙二手房交易之道，找你可以买到更加优惠的二手房。

例如，房产经纪人可以对购房者说："我对于二手房交易还是比较有经验的，最近几个月，平均每个月都能达成好几笔交易。"

❼ 口碑有保障。大多数房产经纪人为了开发业务，纷纷入驻了一些房产销售平台，而这些平台则会根据房产经纪人的服务情况对其进行评估，并将评估结果作为房产经纪人的口碑进行展示。图2-43为安居客App和贝壳找房App的房产经纪人评估界面。那些口碑比较好的房产经纪人可以直接将房产销售平台的评估界面展示出来，增加客户对你的认同感。

例如，房产经纪人可以关注自己入驻的几个房产销售平台的评估界面，从中找出口碑较好的，在与客户进行沟通的过程中，将该平台的评估界面展示出来，让客户明白你的口碑是有保障的。

❽ 有品牌保证。现在很多二手房交易机构都有自己的品牌，并且还在线下经营了连锁门店。房产经纪人可以利用所在房产机构的品牌效应取信于购房者，让购房者觉得你是值得信赖的。

例如，房产经纪人可以对购房者说："我们这个门店是××地产的线下连锁店，××

地产您应该知道吧，就算您不相信我，也应该相信××地产这个品牌。"

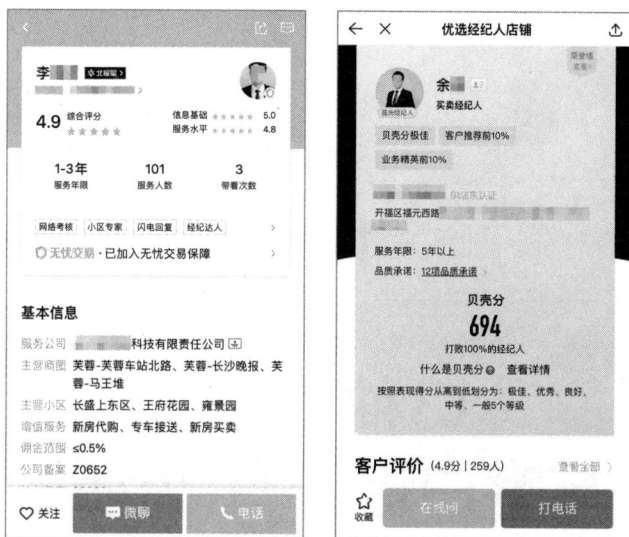

图2-43　安居客App和贝壳找房App的房产经纪人评估界面

❾ 个人特性优势。大部分房产经纪人在从业过程中都会形成个人的一些特性，如有耐心、能吃苦耐劳、会砍价和擅长沟通等。房产经纪人可以将这些个人特性作为自身的优势，以获得更多客户的青睐。

例如，房产经纪人可以对购房者说："我这个人的一个优点就是有耐心，无论您问多少问题、有多少要求，我都不会不耐烦。所以，如果您找我买房，那么我一定会根据您的需求去找房，直到帮您找到满意的房子为止。"

读书笔记，自己的感悟与补充：

_____

_____

_____

第3章

# 13种策略，
# 与客户进行有效沟通

【小房同学】问：

大鱼老师，在开发房源和客源的过程中，应该怎样进行沟通，将陌生人变成客户呢？

【大鱼老师】答：

沟通是有技巧的，要想将陌生人变成客户，必须掌握一些策略，通过有效沟通来拉近彼此之间的距离，从而让对方信任你，需要买卖二手房时专门找你。

# 【情景实战025】
## 客户来店，说他就是想随便看看

【小房同学】问：

大鱼老师，有的客户一进店就说是想随便看看，对于这样的客户，应该怎样沟通呢？

【大鱼老师】答：

虽然客户说只是想随便看看，但是我们还是应该主动与客户进行沟通，了解其需求，再根据客户的反应来决定下一步应该怎么做。

有的客户为了不麻烦房产经纪人，在进店之后可能会说自己就是想随便看看。对此，房产经纪人要懂得客户的心思，多站在客户的角度提供贴心的服务。具体来说，当客户说只是想随便看看时，房产经纪人可以使用以下方法与客户进行沟通。

❶ 学会暗中观察，看他目光所及。没有人会无缘无故地站在店门口，或来到店里，只是对方想不想说的问题。如果对方不想说，那也没有关系，看他的目光所及，俗话说"眼睛是心灵的窗户"，他的眼睛看什么，便是他来店的缘由，他的目光在某套房源上停留的时间越久，就代表他越对这套房源感兴趣。

❷ 做好两种准备，随时准备应答。来到房产经纪门店的人大多数是两种人，一是买房者，二是卖房者，大部分人会真实表达自己的想法，是买房的就会说买房，是卖房的就会说卖房。但也有一部分人会反向行之，明明是来卖房的，却说是来买房的，以此来试探价格。对此，我们要备好两种情况的回答方案。

例如，有房产经纪人曾经接待了一位客户，他说想买某个小区里的房子，让房产经纪人在系统中查看房子现在是什么价格、有几套房源委托在售，聊到最后发现他其实在这个小区里有一套房子计划出售。

❸ 主动询问客户，看对方的反应。如果客户没有表现出反感情绪，那么房产经纪人可以适当地提高自身的积极性，主动为客户提供建议。如果客户有买房的想法，那么房产经纪人可以根据对方的需求推荐合适的房源。

❹ 陪伴左右，适时发表意见。有的客户之所以对房产经纪人说自己想随便看看，主要是因为怕对方会说个不停，影响自身的判断。但是，如果房产经纪人不管自己，那么客户又会觉得被冷落了。因此，房产经纪人最好陪伴在客户左右，当客户对某套二手房源感兴趣时，你就可以介绍该房源的具体情况。

例如，当客户的目光停留在某套房源信息上几分钟时，房产经纪人就可以对该房源的信息，特别是客户看不到的信息进行详细介绍。

**读书笔记，自己的感悟与补充：**

_____

_____

_____

_____

_____

**实操心得，记下来让自己更上一层楼：**

_____

_____

_____

_____

_____

# 【情景实战026】
# 客户沉默，在店内外转悠个不停

【小房同学】问：

大鱼老师，有的客户从店外看到店内，一直在那里转悠，但是沉默不语，和这样的客户应该怎么沟通呢？

【大鱼老师】答：

客户一直在店内外转悠，很可能是想查看房源信息，这说明该客户对于买卖二手房有一定的需求。而客户沉默不语，则可能是因为他本来就不爱说话，或者暂时不太愿意进行交流。对待这种客户，房产经纪人可以主动上前服务，积极进行沟通，打破沉默。

很多房产机构会通过门店的橱窗展示一些房源信息，如图3-1所示。有的客户会认真地从中查找自己感兴趣的信息，所以可能会暂时保持沉默。还有的客户可能习惯少说多做，不想说太多的话。

图3-1　门店橱窗中展示的房源信息

但是，房产经纪人需要明白，客户保持沉默并不代表他不想获得你提供的服务。所以，当客户在店内外查看信息时，即便客户的态度有些冷淡，看上去不太想说话，房产经纪人还是需要主动上前进行沟通的。

当然，为了更好地为客户提供服务，房产经纪人主动上前沟通之后，需要根据客户的反应来调整沟通策略，具体如下。

❶ 客户没有反应。如果房产经纪人主动上前沟通，客户却没有反应，就说明客户对你主动提供服务并不拒绝。在这种情况下，房产经纪人可以继续为客户介绍房源信息等，并通过语言表达进行引导，了解客户的具体需求。如果在询问一番之后，客户还是没有反应，或者明确表示不需要服务，那么房产经纪人可以先停止沟通，以免让客户产生反感情绪。

❷ 客户表示拒绝。如果房产经纪人主动上前沟通，客户只听了一个开头，就明确表示自己随便看看就可以，不需要房产经纪人进行介绍，那么，房产经纪人可以先对客户说有需要可以随时询问，并暂时停止沟通。等过了一段时间，客户还没有找你，那么房产经纪人可以再次主动上前进行沟通。如果客户还是表示拒绝，那么房产经纪人就不要再去打扰客户了。

❸ 客户面露微笑，显得很开心。这说明此时客户是需要房产经纪人提供服务的，客户之所以没有主动进行询问，可能是因为有些不好意思，或者想先独自了解信息，等了解清楚了再进行询问。对待这样的客户，房产经纪人可以更加主动地提供服务。具体来说，房产经纪人可以先通过简单的询问了解客户的需求，再根据客户的需求推荐合适的房源，使客户的需求快速得到满足。

❹ 客户走出店门，离开了。如果房产经纪人主动上前沟通，客户却什么都没说就要往外走，就说明客户在门店停留的过程中没有看到满足自身需求的信息，或者觉得二手房的价格与自己的预期有较大的差距。对待这类客户，房产经纪人可以在其将要走出店门时，直接询问其需求，并表示自己可以为其提供服务。如果客户头也不回地继续往外走，那么房产经纪人可以为客户再次进店做努力。

例如，当客户头也不回地往外走时，房产经纪人可以站在店门口对客户说："欢迎下次光临。"如果觉得该客户比较有意向买卖二手房，那么房产经纪人还可以跑上前递给客户一张名片，并对客户说："如果您有买卖二手房的需求，可以随时联系我。"

❺ 换位思考，你为什么沉默？换个角度试想或者回想，你是否也有过类似经历，走进某个门店或公司，四处看但就是不说话，而且待的时间还挺长。抛开性格因素，客户到店一定有某个动机或原因，比如获取什么信息，或者对比价格等。对此，房产经纪人，可以给对方端一杯水，并礼貌接待："先生（女士）您好，请问有什么可以帮您吗？"

❻ 针对兴趣，设置悬念式沟通。针对客户目光所及的房源，房产经纪人可以在旁边试说，这套房源还有一些关键信息没有公开，其他房产经纪人都不知道，只有你一个人知道，埋下一个话题悬念，只要对这套房源真的感兴趣，大多数客户都会追问，这时候就是沟通的良机。但要切记，你最需要做的是设置话题先询问客户，得出其看房的真实需求后再回复。


读书笔记，自己的感悟与补充：

_____

_____

_____


实操心得，记下来让自己更上一层楼：

_____

_____

_____

_____

# 【情景实战027】
# 拉近距离，接待他人推荐的客户

【小房同学】问：

大鱼老师，有的客户是由其他客户推荐过来的，对待这样的客户，我们应该怎样接待，做好沟通工作呢？

【大鱼老师】答：

这种被推荐过来的客户，因为有其他客户作为彼此之间的桥梁，所以比起那些独自找到店里的客户要更容易接近一些。房产经纪人在接待这类客户时，需要想办法拉近彼此之间的距离，快速获得对方的信任。

通常来说，其他客户给你推荐客户主要有两个原因：一是跟你的关系比较好，愿意帮你开发业务；二是跟你有过愉快的合作经历，认为你是值得信任的。所以房产经纪人要想拉近与这类客户之间的距离，获得其信任，会相对容易一些。

当然，在正式沟通过程中也是有技巧的，房产经纪人可以从三个角度切入，拉近与客户之间的距离，从而增强客户的信任感，具体如下。

## 1. 从推荐客户的角度

因为房产经纪人和被推荐客户对于推荐客户都是有所了解的，所以房产经纪人可以将推荐客户作为一座桥梁，通过谈论与推荐客户相关的话题，拉近与被推荐客户之间的距离。具体来说，房产经纪人可以重点谈论与推荐客户相关的四类话题，如图3-2所示。

| | | |
|---|---|---|
| 话题一 → | 关系类话题 → | 如自己与推荐客户之间的缘分和关系 |
| 话题二 → | 合作类话题 → | 如自己与推荐客户有过的愉快合作 |
| 话题三 → | 处世类话题 → | 如赞美推荐客户为人处世的优秀之处 |
| 话题四 → | 帮助类话题 → | 如推荐客户曾经带给自己的种种帮助 |

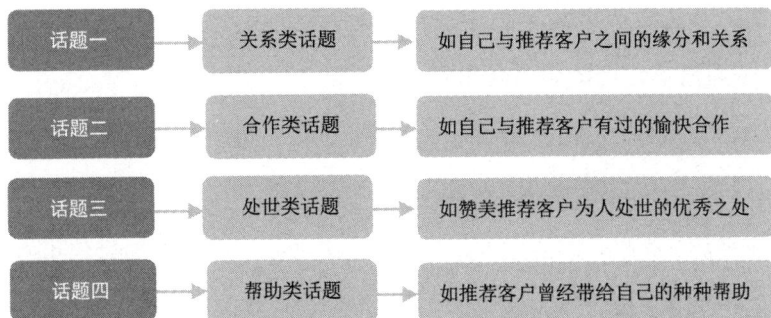

图3-2　与推荐客户相关的话题

需要注意的是，在谈论推荐客户时，房产经纪人需要多谈论一些正面的内容，让被推荐客户觉得你与推荐客户的关系很好。另外，房产经纪人也可以通过与推荐客户产生联系来增强被推荐客户的信任感。

例如，对于购房者，房产经纪人在沟通时可以说："您那位朋友（推荐客户）购买的就是这种房型，他的眼光还是很不错的，这种房型是比较宜居的，不仅采光好，而且通风比较好，夏天基本上不用开空调。"

### 2. 从日常沟通的角度

房产经纪人可以把被推荐客户当成好友，对其嘘寒问暖，并结合一些日常的话题进行沟通，从而拉近彼此之间的距离。

房产经纪人可以多与客户谈论一些比较热门或日常的话题，如天气、孩子的学习和平时的衣食住行等，让客户更愿意与你沟通，提高双方的互动性。

当然，在沟通过程中，房产经纪人也可以尝试多使用一些昵称或尊称，这样可以让被推荐客户在感受到被尊重的同时，拉近彼此之间的距离。

房产经纪人可以根据客户的姓氏、年龄、性别等因素，确定对客户的称呼。如遇到年龄相仿的王姓客户，可以称呼其"王哥"或"王姐"。

### 3. 从自身专业的角度

虽然有推荐客户作为桥梁会更容易达成合作，但是由于买卖二手房涉及的金额相对比较大，所以被推荐客户会特别重视房产经纪人的专业程度，毕竟谁都希望有一个认真负责且专业的房产经纪人提供服务。如果觉得房产经纪人不够专业，被推荐客户可能会对合作充满担忧。

那么，房产经纪人应该如何从自身专业的角度提升被推荐客户的信任感，从而拉近彼此之间的距离呢？对此，房产经纪人除了可以向被推荐客户讲述自身的从业经历、从业以来的成交量和客户好评率外，还可以通过提供专业的建议来树立专业的形象。

例如，当被推荐客户要购买二手房时，房产经纪人除了及时将自己手中合适的房源告知被推荐客户，还可以为其讲解选择二手房的一些关键点。这样不仅可以体现出房产经纪人的专业性，还可以让被推荐客户感受到你是站在他的角度用心提供服务的，这样可以大大提升被推荐客户对你的信任感。

读书笔记，自己的感悟与补充：

_____

_____

_____

_____

_____

实操心得，记下来让自己更上一层楼：

_____

_____

_____

_____

_____

## 【情景实战028】
## 态度冷淡，客户表现出不感兴趣

【小房同学】问：

大鱼老师，有的客户在沟通过程中显得很冷淡，好像对什么都不感兴趣，对待这种客户应该怎样进行沟通呢？

【大鱼老师】答：

对待这样的客户，我们可以通过沟通来判断他表现出这种态度的原因，然后对症下药，通过语言引导，让他变得积极起来。

当客户态度冷淡时，房产经纪人可以通过沟通来判断是客户的性格原因，还是客户对你的推荐不感兴趣，并借助沟通策略，引导客户转变态度，具体如下。

❶ 客户的性格比较冷淡。有的客户不太喜欢表露自己的情绪，所以看上去会显得有些冷淡。对待这样的客户，房产经纪人可以更加积极、主动地与其进行沟通，等拉近了彼此之间的距离之后，客户的态度可能就会发生变化。

例如，现实生活中有一部分人的话不太多，让人感觉性格比较冷淡。其实，这些人大多面冷心热，也就是慢热型，只要彼此熟悉了，他可能就会主动与你进行沟通。因此，在面对性格比较冷淡的客户时，房产经纪人可以每天在相对固定的时间与其进行沟通，从而拉近彼此之间的距离，让彼此变得熟悉起来。

❷ 客户对你的推荐不感兴趣。当客户的态度比较冷淡时，房产经纪人可以直接询问客户是否对自己的推荐不感兴趣。如果客户给出肯定的回答，那么房产经纪人可以通过多提问的方式来调动客户的积极性，进而更好地了解客户的需求。

❸ 多问少说，担心式沟通法。销售高手或者沟通高手都有一个优秀的习惯，就是在开口前必须弄明白对方的兴趣点或者喜欢的话题点在哪里。这就需要察言观色，先试探出对方买房或卖房最担心或最恐惧的问题是什么，再打开"话闸"，使其进入你的沟通逻辑。

## 【情景实战029】
## 拒绝沟通，客户一接到电话就挂断

【小房同学】问：

大鱼老师，有的客户直接拒绝沟通，一接到我的电话就挂断，这种情况应该怎么处理呢？

【大鱼老师】答：

对于这种情况，我们应该尝试多进行沟通，了解对方挂断电话的原因。如果有必要，我们还可以通过其他方式与客户进行联系。

对于房产经纪销售人来说，要对房源成交与否的原因做到心中有数，比如你成交了某套房源，你要知道成交的原因是什么；反之，如果某套房源很长时间都没有成交，那么你更要弄清楚原因。客户一接到电话就挂断的常见原因有四个，如图3-3所示。

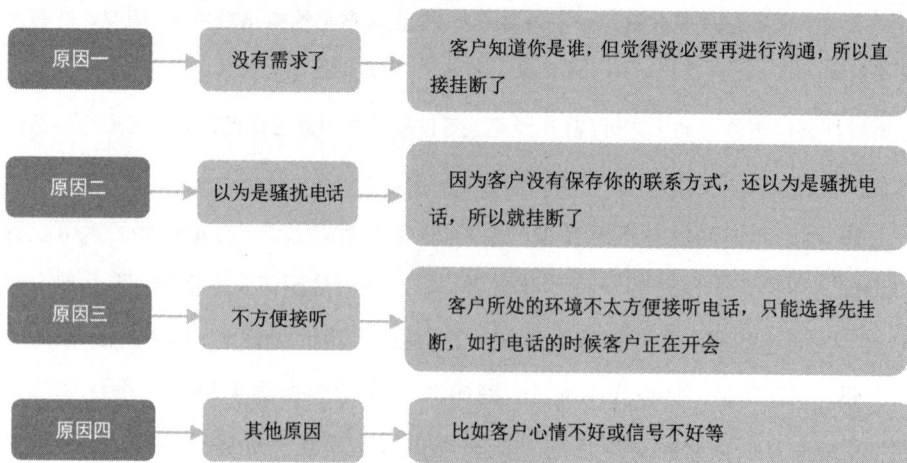

| 原因一 | → | 没有需求了 | → | 客户知道你是谁，但觉得没必要再进行沟通，所以直接挂断了 |
| 原因二 | → | 以为是骚扰电话 | → | 因为客户没有保存你的联系方式，还以为是骚扰电话，所以就挂断了 |
| 原因三 | → | 不方便接听 | → | 客户所处的环境不太方便接听电话，只能选择先挂断，如打电话的时候客户正在开会 |
| 原因四 | → | 其他原因 | → | 比如客户心情不好或信号不好等 |

图3-3　客户一接到电话就挂断的原因

如果只是打了一通电话客户没有接，那么房产经纪人不要马上做出判断，因为此时客户挂断电话的实际原因可能和你的想法会有一些出入。为了更加清楚地了解客户挂断电话的原因，房产经纪人需要仔细观察，并结合客户的反应进行判断。在确定客户挂断电话的原因之后，房产经纪人可以有针对性地制订策略，与客户进行更加有效的沟通。

### 1. 客户觉得没有必要再沟通了

如果客户没有买卖二手房的需求，或者房产经纪人无法推荐使自己满意的二手房，那么客户可能会觉得没有必要再沟通了。即使遇到这种情况，对于房产经纪人来说，也是一种收获，因为房产经纪人经常会通过电话进行客户"扫盘"，其目的是整理出有买卖需求的客户，如果能确定没有需求的客户量，那么自然可以反向推出有需求的客户量是多少。

### 2. 客户没有保存你的联系方式

如果房产经纪人连着打了几通电话，客户都直接挂断了，那么客户可能没有保存你的联系方式，误把你的电话当成骚扰电话了。对待这类客户，房产经纪人可以通过发短信或申请添加微信好友的方式，向客户介绍自己是谁，能为他提供什么样的服务，让对方知道自己的身份和价值。这样，客户知道了你的身份后，接电话的概率就会大大增加。

### 3. 客户所处的环境不方便接听

有时候客户所处的环境不方便接听电话，那么房产经纪人可以通过发短信的方式尝试与客户进行沟通。

如果短信发出去较长时间，客户仍没有回复，那么房产经纪人可以暂时不与客户联系；如果短信发出去不久客户就回复了，那么尽量直接通过电话沟通，或申请添加微信好友进行沟通。

### 4. 客户因为其他原因无法接听

换位思考，我们也有过心情不好的时候，也遇到过在特殊场合信号不好的情况，或者手头有其他更重要的事情，这些都不是重点，重点是想办法探明客户是否有买卖二手房的需求。

例如，当连着几通电话都被客户挂断后，房产经纪人尝试换一个时间，尤其是一天当中大多数人相对空闲的时间，比如中午或者晚上，通过短信、微信、QQ等社交软件与客户进行沟通，表明自己的身份，探明对方是否有真实的需求。

读书笔记，自己的感悟与补充：

_____

_____

_____

_____

_____

_____

实操心得，记下来让自己更上一层楼：

_____

_____

_____

_____

_____

_____

## 【情景实战030】
## 开门见山，询问你有没有某套房源

【小房同学】问：

大鱼老师，有的购房者一上来就询问有没有某套房源，对待这类购房者应如何进行沟通，提升成交率呢？

【大鱼老师】答：

对待这种比较直接的购房者，房产经纪人可以开门见山地回答是否有该房源，然后通过语言引导购房者购买该房源，或者推荐购房者购买其他房源。

当购房者询问你是否有某套房源时，表明他对该房源已经有了一定的了解，尽管答案只有两个——有或者没有，但重点不在这里，而是在给出答案之前，想办法先了解对方的动机，然后有针对性地进行回答。

❶ 有。当房产经纪人的手中有该房源时，可以给出肯定的回答，并且称赞购房者的眼光好，现在有几个人都在犹豫是否要购买该房源。这样不仅可以让购房者留下来继续沟通，还能给购房者施加一些压力，促使购房者快速签订购房合同。但重点不在这里，而是该购房者既然知道这套房源，大概率有其他房产经纪人在与他接触，如何让他与你合作才是重点。这时候就是你亮明自己与其他房产经纪人差异化与优异化的时机。

❷ 没有。当房产经纪人的手中没有该房源或者该房源已经售出时，可以重点介绍其他同类房源，常见的做法有两种。

一是讲解客户看中的这套房源的缺点，特别是客户顾虑、担心、恐惧的细节问题，要适当地放大缺点来说。

例如，这套房子西晒，而且很严重，那就要强调西晒的问题，夏天室内温度过高，空气流通不畅，开空调会非常费电等。

二是推荐同类性价比更好的房源，紧扣购房者的需求，投其所好，进行精准式营销。

例如，某个购买者想买江景房，但这套房源是"一线"看江，即通过左、右两幢建筑的"一条缝隙"来看江，那么你可以推荐180°甚至270°的全线无任何遮挡的江景房，更进一步，是室内有些卧室或全部卧室都可以看江，这样更能打动购房者。

## 【情景实战031】
## 客户比价，找了多家中介机构进行对比

【小房同学】问：

大鱼老师，有的客户很喜欢比价，凡事都想货比三家，与这类客户沟通有没有什么技巧呢？

【大鱼老师】答：

这类客户对价格因素比较关注，在与其沟通时我们可以"投其所好"，尽量用价格优势来打动对方。

二手房的价格少则几十万元，多则几百万元、上千万元，这对于大多数家庭来说都是一笔很大的开销。所以，很多客户在买卖二手房时，都企图通过比价来获得自己预期的价格，从而降低买房的价格或增加卖房的收益，这是情理之中的事情。在与这类客户进行沟通时，房产经纪人可以使用以下策略。

❶ 客户要购买二手房。房产经纪人可以结合客户的需求，为其推荐价格相对较低或者卖房者急于出售的降价房源，然后通过与同类二手房的价格进行对比，突出你推荐的二手房的价格优势。有时候，购房者为了掌握主动权，可能会说自己看过更加便宜的二手房。对此，房产经纪人可以转换思路，重点展示你推荐的二手房的优势，让购房者明白这套二手房是物超所值的。

例如，有的购房者可能会说自己昨天看的一套二手房比房产经纪人推荐的这套二手房便宜了差不多10万元。此时，房产经纪人可以告知购房者，自己推荐的这套二手房不仅可以看到江景，而且刚交房一年左右，房子还是比较新的，所以它也是"贵得有道理的"。

❷ 客户要出售二手房。房产经纪人可以拿同类二手房举例，表明自己可以帮

客户卖出较高的价格，而且还可以将自己抽取的佣金相对较低作为一个优势，让客户觉得与你合作可以节省一部分中介费。

例如，当客户要出售二手房时，房产经纪人可以举例进行说明，表明自己曾经用高出客户预期的价格帮客户卖出房子。在讲解过程中，房产经纪人应尽量把相关信息讲得具体一些，如二手房所在的小区、客户预期的价格和最终出售的价格等，这样客户自然就会觉得找你帮他卖房子是一个不错的选择。

客户进行货比三家，有时是在比价格，有时是在比品质，有时是在比其他细节，但是，有一样东西，无论是对于购房者，还是对于卖房者来说，都非常需要，而且是一个重要诉求，那就是成交的核心——安全性。

例如，有些购房者要花几百万元甚至上千万元来买房，有些购房者的房款可能是几十万元，但这是他们目前所有的积蓄，甚至有些钱还是借来的。这里有两个选择：A.房价便宜5万元，但是交易存在较大的风险，有可能造成钱房两失；B.房价贵5万元，但是交易不存在风险与隐患。你会选择哪个？

根据马斯洛需求层次理论，安全需求是人的底层基本需求。如果买卖一套房子存在资金或房产上的风险，那么大家一般会避而远之。

这里想分享的是，对待货比三家的客户，一定要找到一个能够打动他的点，比如价格便宜。

如果你的房源没有价格优势，你就要另辟蹊径，从客户的角度找到其他影响成交或促进成交的因素，比如你提供的房源在资金上更具安全性，这对于其他存在风险的房源是致命一击。

如果某套房源存在的缺点足以影响人的基本生理安全，比如严重漏风、漏水、西晒，就可以从人的最基本的生理居住安全角度，劝说客户放弃缺点房源，转向你推荐的居住更为舒适、安全的房源。

最后总结为一句话：如果你想促进成交，就要找到最能打动客户的那个亮点。

## 【情景实战032】
## 推荐房源, 如何引起购房者的兴趣

【小房同学】问:

大鱼老师, 在推荐房源的过程中, 为什么有的购房者总是提不起兴趣呢?

【大鱼老师】答:

有时候可能不是购房者对什么都提不起兴趣, 而是你推荐的房源没有达到他的预期, 所以他的内心可能毫无波澜。因此, 在推荐房源的过程中, 房产经纪人要了解并讲解购房者关注的重点, 只有这样, 购房者才会表现出足够的兴趣。

在本书中多次分享成交的两个要点: 一是安全至上的第一原则性; 二是换位思考。

❶ 向问题要答案。许多新人刚入行时会遇到无数的问题, 比如客户说随便看看、客户只看不说、客户接到电话就挂断、房比三家、价比三家等, 这些问题常常让许多新入行的房产经纪人感到困惑和迷茫。其实, 遇到问题是好事, 因为只要将这个问题解决了, 我们的能力就上升了一个台阶, 而解决问题的方法之一就是换位思考。

❷ 欲先取之, 必先予之。假设你是购房者, 去某个门店看房, 对方经纪人怎么才能引起你的兴趣呢? 如果你觉得这个问题有点儿难, 那么我们先举一个简单的案例。假设你参加某个聚会, 与会人员都是陌生人, 如何才能与周围的人熟悉, 打开话题呢? 很简单, 第一步, 你肯定希望有人跟你打招呼, 这会让你感受到尊重, 在这种情况下, 你也会礼貌回应。看, 方法很简单, 我们想得到什么, 就得先付出什么。

❸ 简单日常, 着手沟通。可以从简单的日常问题开始, 例如, 请问你来自哪

里、今天过来用了多长时间、你是因为什么来参加聚会的等。只要开口问出第一个问题，就可以延伸出其他问题，需要注意的是，对方多谈论什么，就紧扣什么来展开，因为这个话题正是他熟悉或擅长的领域。回到与购房者的沟通上，我们要做的第一件事是打招呼，建立沟通上的联系；第二件事是询问，而且是通过一系列的问题去发现对方的需求，引导和刺激对方先说、多说，如果对方在某个点上说个不停，这便是他在意或感兴趣的点。

例如，房产经纪人可以对购房者说："请问您计划购买一套什么样的房子？想买哪个区域或哪个小区的房子？对房子的面积或价格有什么要求？"核心是通过多问，去发现对方的兴趣点或者需求点，而不能单凭感觉去猜测。

❹ 引导多说，适当赞美。沟通高手不是自己在那儿一味地说，而是有技巧地引导对方多说，对方说的信息越多，我们对他的需求就了解得越详细。在沟通过程中，为了让对方源源不断地说出所有需求或兴趣所在，可以适当赞美对方。人都是喜欢被赞美的，换位思考，你是不是也希望被赞美、被肯定？

如果购房者是女性，穿着得体、漂亮，我们就可以找机会夸赞她身材好、有气质，并以请教的方式询问对方是如何保养的。

❺ 记录兴趣，精准匹配。通过询问的引导方式，让对方将兴趣点和需求点充分表达出来，而我们要做的就是倾听、记录，然后根据对方的需求，匹配合适的房源。一套房源的成交在很多时候并不是一天、两天的事，而是一个月、两个月甚至更久的事，销售的最高境界不是销售房子，而是销售自己，销售自己在房产方面的专业能力、善于挖掘话题且倾听的沟通能力、不断在客户心中建立良好印象的执行能力等。

❻ 换位思考，多说好处。有的房源本来可能是比较优质的，但是购房者不一定能看到它的优势。对此，房产经纪人可以换位思考，详细讲解该房源的优点和购买该房源能够带来的好处。只要你的说辞能够触动购房者，那么他可能会立即提起对该房源的兴趣。

# 【情景实战033】
# 非常挑剔,认为房源有各种问题

【小房同学】问:

大鱼老师,有的购房者非常挑剔,无论你推荐什么样的房源,他总是认为有各种问题,跟这种购房者应该怎么沟通呢?

【大鱼老师】答:

购房者对你推荐的房源表现出挑剔的态度是很正常的,毕竟谁都想买到自己心仪的房子。对待这类购房者,我们要先想办法安抚他的情绪,然后为其排忧解难,让他放心购买我们推荐的房源。

当购房者对你推荐的房源表现出挑剔的态度时,房产经纪人可以使用四种沟通策略来提升购房者对房源的满意度,即解答购房者的各种问题、将价格与问题相结合、为购房者推荐高质量的房源、帮助购房者建立决策依据。

## 1. 解答购房者的各种问题

当购房者认为你推荐的房源存在各种问题时,房产经纪人可以直接为购房者解答这些问题。通常来说,房源存在的问题主要集中在四个方面,如图3-4所示。

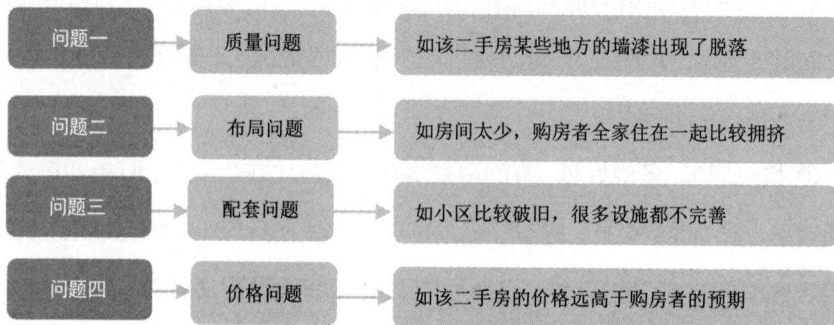

| 问题一 | 质量问题 | 如该二手房某些地方的墙漆出现了脱落 |
| --- | --- | --- |
| 问题二 | 布局问题 | 如房间太少,购房者全家住在一起比较拥挤 |
| 问题三 | 配套问题 | 如小区比较破旧,很多设施都不完善 |
| 问题四 | 价格问题 | 如该二手房的价格远高于购房者的预期 |

图3-4 房源存在的主要问题

房产经纪人可以在与购房者进行沟通的过程中，了解购房者担心的是哪个方面的问题，并给出对应的解决方案。

当购房者对二手房的质量和布局不满意时，房产经纪人可以选择部分存在小问题的地方进行举例说明，让购房者明白该二手房没有大问题，只要通过装修调整一下就可以轻松解决。

当购房者对二手房的周边配套不满意时，房产经纪人可以结合二手房的建造时间来进行解答，从而获得购房者的理解。

例如，有的二手房因为建造时间比较早，所以可能连电梯都没有。对此，房产经纪人在向购房者解释原因的同时，应体现出这种房源的优势：楼层不是很高，爬楼梯不会很累，还能锻炼身体。

当购房者对二手房的价格不满意时，房产经纪人可以表示这只是业主的委托售价，还有议价的空间，而且自己会就价格问题与卖房者进行沟通，争取帮购房者以更低的价格买到该房产。

### 2. 将价格与问题相结合

在大多数情况下，如果某套二手房能够被购房者找出各种问题，那么该二手房的价格相对来说会比较低。对此，房产经纪人可以通过二手房的价格优势来打动购房者，让购房者觉得它即便有一些问题，但是以这样的价格买到还是稳赚不赔的。这样购房者自然会更愿意购买你推荐的二手房。

### 3. 为购房者推荐高质量的房源

如果房产经纪人连着推荐了几套房源，购房者都能挑出很多问题，那么可以考虑直接为购房者推荐高质量的房源。与一般的房源相比，高质量的房源会相对优质一些，所以购房者能挑出的问题会比较少。

而且如果购房者再挑出一大堆问题，那么房产经纪人也可以通过与其他房源相比来突出这些高质量房源的优势，并且表示这已经是少有的好房源了，如果还不满意，就很难买到合适的二手房了。

另外，这种高质量的房源，其价格也会比较高，所以购房者在了解了该房源与一般房源的价格差距后，会更加清楚市场行情。如果自己的预算有限，那么购房者即便对一般房源不太满意，可能还是会下定决心购买。当然，在实际操作时，房产经纪人可以同时使用多种沟通策略，引导挑剔的购房者购买你推荐的二手房。

例如，当购房者认为你推荐的普通房源存在很多问题时，房产经纪人可以先回答购房者的问题，然后表示该二手房虽然有一些小问题，但价格比较优惠。如果购房者对你推荐的二手房还不满意，那么房产经纪人可以为其推荐高质量的房源，并引导预算充足的购房者购买高质量的房源。

### 4. 帮助购房者建立决策依据

人无完人，房子也一样，有优点，也会存在缺点，关键看取舍，既然是一道选择题，我们就帮助购房者梳理一下他的核心需求，找出他买房最看重的五个指标，依次排序，然后根据这些指标给看过的房源排序，便知道哪套房源是最适合他的。

读书笔记，自己的感悟与补充：

_____

_____

_____

实操心得，记下来让自己更上一层楼：

_____

_____

_____

_____

# 【情景实战034】
# 客户精明，如何跟上对方的节奏

【小房同学】问：

大鱼老师，有的客户感觉很精明，有时候感觉自己很被动，与这种客户沟通要注意什么呢？

【大鱼老师】答：

如果客户长期生活在某个区域，那么他对于该区域的人和事自然是非常熟悉的。有些客户甚至有多年、多套房的购买经验，在和这些客户沟通的过程中，房产经纪人有时可能会有些被动。但是，房产经纪人必须努力跟上对方的节奏，让对方觉得你并不是什么都不懂的门外汉，而是能够为对方买卖二手房提供实际价值的专业人员。

精明的客户对于所在区域的人和事，以及交易的某些环节，可能会比刚入行的新手还熟悉，在与这种客户沟通的过程中，房产经纪人需要重点把握以下几点。

❶ 跟上对方的节奏。如果客户说的是你没有听说过的话题，那么房产经纪人可以先跟着应和一下，表示自己在认真倾听，并将对方所说的重要信息记录下来，方便时咨询公司其他同事，或者自己查询一下相关内容。

❷ 进行适当的补充。每个人的所知有限，如果客户说的话题你不太了解，那么可以在客户讲完之后，可适当补充一些你熟悉的内容。如果你实在没有补充的内容，就认真倾听和记录，引导对方多说，从而捕捉对方的购房要求、动机、性格等细节。

❸ 赞扬客户，虚心学习。遇到经验丰富的客户，适当多赞扬对方的优秀和成功之处，并表示要向他学习、取经。研究表明，人越是在高兴的时候，包容心就越强。

# 【情景实战035】
# 一降再降，要求谈到更低的价格

【小房同学】问：

大鱼老师，当购房者需要买房时，我们找到合适的房源之后，对方要求价格一降再降，说要谈到更低的价格。

【大鱼老师】答：

很多时候，二手房的出售价格只是一个标价，而不是卖房者心中的底价。这就需要房产经纪人懂得一些出价策略，并与购房者打好配合，能争取成交的最终价格肯定是越低越好。

无论做什么事，只要掌握了一定的策略，执行起来就会容易很多，帮购房者买二手房也是如此。具体来说，在帮助购房者买房时，房产经纪人需要掌握以下出价策略。

### 1. 帮购房者选择容易谈价的房源

一开始就帮助购房者选择容易谈价的房源，可以让你在出价时更有把握，增加讨价还价的成功率。具体来说，房产经纪人在帮购房者选择二手房时，可以重点留意四类房源，如图3-5所示，这些房源通常会比较容易谈价。

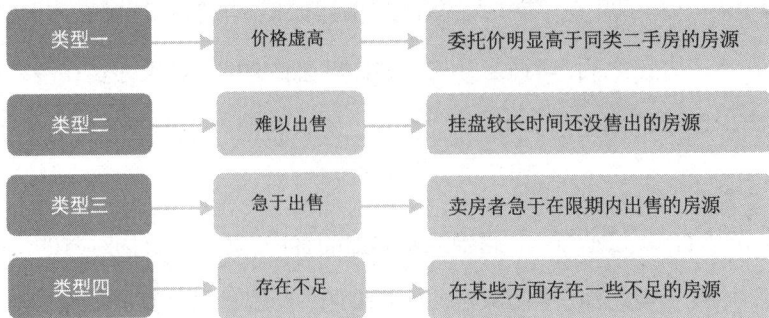

| 类型一 | → | 价格虚高 | → | 委托价明显高于同类二手房的房源 |
| 类型二 | → | 难以出售 | → | 挂盘较长时间还没售出的房源 |
| 类型三 | → | 急于出售 | → | 卖房者急于在限期内出售的房源 |
| 类型四 | → | 存在不足 | → | 在某些方面存在一些不足的房源 |

图3-5 容易谈价的四类房源

例如，委托价明显有些虚高的房源，可能是卖房者故意为之，其目的就是给自己留好议价的空间。因此，当与这类卖房者讨价还价时，他们一般不会咬住价格不放，而且房产经纪人还可以直接把同类房源的价格展示出来，让卖房者明白他的标价确实有些高了，这样还起价来自然会容易一些。

### 2. 在沟通过程中与购房者打好配合

既然购房者找你帮忙买二手房，那么整个购买过程就不再只是购房者一个人的事了，甚至可以说房产经纪人要做的事比购房者要做的事多得多。当然，像给二手房出价这种事，房产经纪人最好和购房者一起出面，共同商讨，毕竟这与最终的成交价直接相关。

如果确定要和购房者一同参与出价，那么房产经纪人可以在出价之前先和购房者沟通讨价还价的策略，然后在正式与卖房者商讨时和购房者打好配合，争取帮购房者以最低的价格买到对应的二手房。

### 3. 适当使用一些实用的出价技巧

在与卖房者沟通二手房的价格时，房产经纪人可以使用一些实用的出价技巧，帮购房者争取到更低的价格，具体如下。

❶ 先给低价。购买二手房和去实体店里买衣服是一样的，房产经纪人和购房者可以先给出一个明显的低价。对于这个低价，很多卖房者都是接受不了的，所以他们会给出一个自认为比较合理的价格。此时，房产经纪人和购房者可以在卖房者新给出的价格的基础上，再次给出一个相对的低价。这样，在经过与卖房者的多次价格拉锯之后，最终的成交价自然就拉低了很多。

❷ 房价对比。没有比较就看不出差距，房产经纪人可以在正式出价之前从网上搜集附近价格相对较低的类似房源，然后在出价时将这些房源信息展示出来，让卖房者看到价格差距，从而让卖房者自愿在价格上让步。

例如，贝壳找房 App 的一个优点是可以查询某个小区的成交记录，其中包括小区里每套房源的真实成交价格，这对于购房者和卖房者来说都是最真实、最客观的价格参考依据。

❸ 用不足之处议价。无论是新房还是二手房，都会或多或少地存在一些不足之处。房产经纪人和购房者在看房时可以先把二手房的不足之处记录下来，然后在与卖房者商讨价格时将其说出来。这样，卖房者在考虑到自己的房子确实存在一些问题之后，会更容易接受你的出价。

❹ 巧用沉默的力量。这一招还是比较有实用价值的。比如卖房者出了高价，购房者不满意，可以试试不给出回复，沉默一段时间，其实是想给卖房者传递一个信息，即购房者觉得价格高了，不考虑你的房子了，从而让卖房者做出一定的让步。特别是在购房者不多而卖房者急售的情况下，十有八九会在价格上做出一些妥协。

读书笔记，自己的感悟与补充：

_____

_____

_____

_____

_____

实操心得，记下来让自己更上一层楼：

_____

_____

_____

_____

_____

_____

# 【情景实战036】
# 想卖高价，没有达到预期不愿出售

【小房同学】问：

大鱼老师，真是矛盾，购房者希望价格越低越好，而卖房者希望价格越高越好，没有达到预期就不出售，我们夹在中间，好生为难，怎么办呢？

【大鱼老师】答：

对于买卖双方的价格诉求，我们都能理解，我们的最终目的是促进成交，最重要的就是找到买卖双方都能接受的价格。

## 1. 自己的立场是什么

对于房产经纪人来说，房子价格越高，能够拿到的佣金也越多，从利益角度，与卖房者的立场是一致的。但是，如果让购房者觉得你时时刻刻在帮助卖房者，那会很危险，因为从他觉察的那一刻起，你已经失去了他的信任。

所以，优秀的房产经纪人会让卖房者觉得你是站在他那一边的，尽量帮他卖出高价，同时又要让购房者觉得你是站在他这一边的，会帮助他用最低价买到房子。

无论是在言语表面上，还是在实质操作中，房产经纪人要时刻牢记，促使买卖双方达成交易是我们的终极目的，目的决定了最终的立场。作为房产经纪人，我们提供的是居间服务，顾名思义就是要考虑买卖双方的立场并服务到位。

## 2. 如何应对购房者砍价

购房者总会砍价，房产经纪人应站在自己的角度给出不好谈价的理由，如图3-6所示。

例如，有的购房者会通过挑房子的毛病来砍价，对此，房产经纪人可以通过展示二手房的优势，让购买者明白，相比于这些优势，二手房存在的小毛病基本上可以忽略不计。这样，购房者就会觉得二手房物超所值，自然也就不好再砍价了。

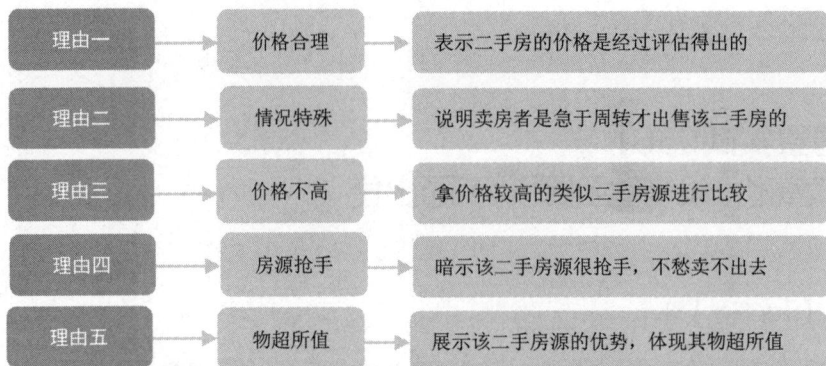

图3-6　站在自己的角度给出不好谈价的理由

### 3. 如何应对卖房者的虚高价格

遇到购房者出一个超低的价格、卖房者委托一个虚高的价格，都是令人头痛的问题，房产经纪人的专业与优秀之处便是站在双方的立场，给出一个买卖双方都能接受的价格，朝着成交的目标去努力。

❶ 分析卖房者出价虚高的原因。卖房者出价虚高，可能是为了给购房者议价空间，也可能是违背市场行情盲目地认为他的房子值这个高价，还可能是不急着出售，故意挂在系统中等人接受这个价格。

❷ 针对价高的原因，制订相应的对策。如果是卖房者为了给购房者议价空间，这好谈。如果是卖房者盲目地认为他的房子值这个高价，就要麻烦一些，我们需要多给卖房者提供一些客观的市场成交价，以及告知他多个客户看中了他的房子，就是嫌价格虚高而放弃了，以此来降低他心中的价格预期，将价格拉到一个合理水平。如果是卖房者不急着卖房，想找人来高价接手，我们就要调整策略，将这套房源作为备选，为购房者寻找价格更为合理的房源。

有房产经纪人曾遇到一个出价虚高的卖房者，因为他不急着出售，所以不愿意降价，希望能遇到认可该价格的购房者。这其实是小概率事件。对于房产经纪人而言，越是急于出售的房源，才会离成交越近。另外，时间也是成本，谈的时间越久，成本越高，于是房产经纪人调整了策略，重新给购房者找了一套价格实惠的房源，结果在很短的时间内就成交了。在房产经纪人看来，如果总是耗在这套价格虚高的房源上，则会得不偿失。当然，我们也不会放弃，当然是希望该房源早日成交。

# 【情景实战037】
# 不放心你，客户担心中间被吃差价

【小房同学】问：

大鱼老师，有的客户总是对我不放心，觉得我会从中间吃差价。应该如何与这类客户沟通，让他放下心来呢？

【大鱼老师】答：

客户会担心中间被吃差价，主要还是因为对房产经纪人不够信任。所以，在与这类客户沟通的过程中，房产经纪人需要通过各种方法来获取其信任，只有这样，客户才会放下心来享受你提供的服务。

当客户担心中间会被吃差价时，房产经纪人可以通过以下两种方法获得客户的信任。

❶ 签订委托合同。对于客户来说，签订委托合同就是房产经纪人给出的一份承诺，在签完合同之后，客户自然会对你更加信任。而且房产经纪人还可以将客户合理的要求都写进合同中，让客户觉得自己的权益得到了保障。

❷ 让客户多参与进来。在帮客户买卖二手房的过程中，房产经纪人可以让客户参与各个环节，并及时将相关进度告知客户。这样一来，客户就会觉得你想从中间赚差价都没有机会，他对你也就更放心了。

例如，可以当着客户的面给对方打电话，将免提打开，客户也听得见，或者将议价的微信信息截图发给客户。做这些细节的目的只有一个，那就是取得客户的信任，毕竟信任是成交的前提。

# 第4章

# 11种研究，
# 挖掘客户的心理与真实需求

【小房同学】问：

大鱼老师，在与客户打交道的过程中，有时不知道客户在想什么，无法把握他们的精准需求，您有什么高招吗？

【大鱼老师】答：

方法有很多，比如前面介绍的少说多听、引导对方多说，从对方的言语中捕捉重要信息，关键是要具体问题，具体分析。本章就来讲解一下相关的技巧。

# 【情景实战038】
# 初步了解，客户前期的三种心理

【小房同学】问：

大鱼老师，为什么房产经纪人要用心揣摩客户的心理呢？

【大鱼老师】答：

这主要是因为客户的心理是不断变化的，只有用心揣摩客户当时的心理情况，才能进行有效的引导。

在不同的阶段，客户的心理会呈现出不同的状态。以购房者为例，其前期心理状态，即从对二手房没有了解到考虑是否要买二手房，主要会经历以下三个阶段。

### 1. 意识到自己有需求

在这个阶段，购房者会从对二手房了解甚少、没有购房需求，转变为开始接触二手房的相关信息，并意识到自己有购房需求。其中比较常见的一种现象就是购房者可能会对二手房有一些偏见，即使要买房，也会买新房，但是在了解了二手房之后就会转变想法，觉得买二手房也是一个不错的选择。

在此过程中，房产经纪人需要做的就是对二手房的相关知识，特别是购买二手房的好处进行介绍，让购房者觉得买一套二手房也不错。

例如，房产经纪人可以对购房者说："虽然'二手房'听起来没有新房的感觉好，但是经过对比之后，就会看到它的优势。二手房比较显著的优势有房屋入住时间灵活、房屋交付安全有保障、周边及小区园林绿化配套齐全、区域及装修与否的选择范围更大，等等。并且二手房因为是单个业主基于自身需求而对外出售的，所以业主的出售动机会凸显房屋的价格优势。结合来看，二手房的性价比肯定要高于新房的性价比。"

### 2. 觉得并不是必须买

在对二手房有了一定的了解之后，购房者虽然会觉得购买二手房是一种不错的选择，但并不认为必须要购买二手房。因为在很多人看来，二手房是有人住过的房子，购买二手房有点儿像捡别人不要的东西，所以部分购房者会产生心理障碍。

此时，房产经纪人需要想办法转变购房者对二手房的看法。对于部分条件比较有限的购房者，房产经纪人还可以结合实际情况进行推荐，让其明白购买二手房是当前的最佳选择。

例如，有的购房者用于购房的资金比较有限，用这些资金很难买到满意的新房，此时房产经纪人便可以引导其购买二手房。房产经纪人可以对购房者说："您现在的预算如果用来买新房，只能买到一套两居室，您家里的人比较多，可能会住不下。但如果您买二手房，一切问题就迎刃而解了。"

### 3. 认真考虑是否要买

在认识到自身的实际情况，以及购买二手房的好处之后，部分购房者可能会认真考虑是否要购买二手房，甚至会让房产经纪人推荐合适的二手房。当然，这时候购房者只是觉得购买某套二手房对自己来说是比较明智的选择，但是也没有下定决心。因此，即便购房者表现出对某套二手房非常感兴趣，房产经纪人也不能放松警惕，因为可能还会存在一些变数。

在这种情况下，房产经纪人可以通过一些方法坚定购房者的购买决心，避免购房者口头答应，事后反悔。

例如，当购房者对某套二手房表现出极大的兴趣时，房产经纪人可以及时组织买卖双方进行协商，并引导双方签订交易合同。这样，购房者的购房意愿就被落到了实处，一旦买卖双方完成合同签订，购房者再生变动的概率极低。


读书笔记，自己的感悟与补充：

_____

_____

# 【情景实战039】
# 深层分析，客户后期心理变化

【小房同学】问：

大鱼老师，经历过前期的心理变化之后，客户是不是就下定决心要买卖某套二手房了呢？

【大鱼老师】答：

虽然经历过前期的心理变化之后，客户买卖二手房的需求会有所增强，但是客户后期还会出现心理变化，在此过程中，可能部分客户会改变主意，不愿意继续交易。因此，房产经纪人还需要对客户的心理进行深层分析，从而引导客户完成整个交易。

经历过前期的心理变化之后，客户对于买卖二手房的需求会明显增强，但是能否让客户完成整个交易，房产经纪人还得把握其后期的心理变化，并适当进行引导。以购房者为例，其后期的心理变化主要会经历以下三个阶段。

## 1. 临时改变之前的决定

受到某种因素的影响，部分购房者可能会临时改变之前的决定，并告知房产经纪人，他不想再购买之前谈好的二手房了。此时，很多房产经纪人可能会觉得购房者有些不地道，竟然临时反悔，有的房产经纪人甚至还会因此闹情绪。

其实，购房者的想法出现变化是一种很正常的现象，房产经纪人只需进行正确引导，让其意识到反悔不是一个明智的选择，购房者的购买决心就会变得更加坚定。

例如，房产经纪人可以对购房者说："我们好不容易挑选到了合适的二手房，而且基本上和卖房者谈妥了，现在改变主意可能不是很好。您想想看，如果要重新找房子、再和卖房者协商价格及其他注意事项，肯定会占用您更多的时间和精力。"

### 2. 不买会出现不利影响

在改变之前的决定之后，购房者也会明白可能对自己产生一些不利的影响，不过购房者的心理还是会有一些摇摆，他会权衡不购买该二手房的利弊，并据此决定接下来的行动。如果利大于弊，可能直接就反悔了；如果弊大于利，就会继续进行交易。

此时，购房者看到的不利影响可能在表面，觉得反悔了也没有多大的影响。对此，房产经纪人可以告知购房者不买该二手房会产生的一系列影响，让其意识到这样做会得不偿失。

例如，房产经纪人可以告知购房者，如果他反悔了，那么不仅以后很难用同样的价格购买到这么好的房源，而且之前交的定金退不了，还得根据交易合同对卖房者进行相关赔偿。这样一来，购房者就会意识到反悔的代价太大了，还是按照合同的要求进行交易比较好。

### 3. 下定决心购买二手房

在经历了上述阶段之后，部分买房者就会下定决心购买二手房。当然，此时购房者也只是决定购买二手房，而不是一定购买房产经纪人之前推荐的二手房。毕竟有的购房者可能不惜违约，也不想购买某套二手房。

在这种情况下，购房者的购买意愿是非常强烈的，房产经纪人只要进行正确的引导，让购房者挑选到满意的二手房，那么成交的概率是很大的。因此，房产经纪人一定要抓住机会，不能因为购房者有些挑剔就轻易放弃。房产经纪人要知道，只要多一些耐心，可能就会促成一笔交易。

例如，某房产经纪人在服务了购房者一段时间之后，觉得自己已经为购房者推荐了很多套二手房源，但是对方比较挑剔，总是对自己推荐的二手房源不满意。于是，该房产经纪人慢慢失去了耐心，不再愿意主动与该购房者沟通。购房者意识到房产经纪人不耐烦之后，就换了一家房产中介。没想到的是，这家房产中介根据购房者提出的要求推荐了一些优质房源，在短短几天内就促成了交易。

# 【情景实战040】
# 为何买房，摸准对方的真实需求

【小房同学】问：

大鱼老师，对于购房者，我们应该怎样了解其真实需求呢？

【大鱼老师】答：

要想了解购房者的真实需求，就得先了解他为何买房。当然，有时候购房者所说的购房原因不一定是真实的，所以房产经纪人要懂得辨别真假。

买房的原因能从一定程度上反映出购房者的真实需求，例如，有的购房者是为了方便接送孩子上学才买房的，因此，他需要购买的是学校附近的房子。当然，有的购房者可能不太愿意透露其真实的购房原因，所以有时候房产经纪人还得在沟通过程中对购房者的心理进行揣摩。具体来说，在了解和识别购房者的购房原因时，房产经纪人需要想办法解答以下两个问题。

## 1. 购房者为何不愿意说出需求

虽然有购房需求，但是有的购房者可能不太愿意主动将自己的需求告知房产经纪人，这主要有三个原因，如图4-1所示。

## 2. 如何让购房者说出真实需求

即便购房者不太愿意主动说出自己的需求，房产经纪人也要想办法了解其真实需求。只有这样，房产经纪人才能为购房者推荐合适的房源，从而提高二手房的转化率。那么，如何让购房者说出真实需求呢？下面介绍几种常用的方法。

❶ 直接询问法。开门见山，询问购房者买房的原因和需求，在大多数情况下他们都会回答，这时我们一定要打开手机记事本，记下购房者的需求，让他们说得越详细越好。

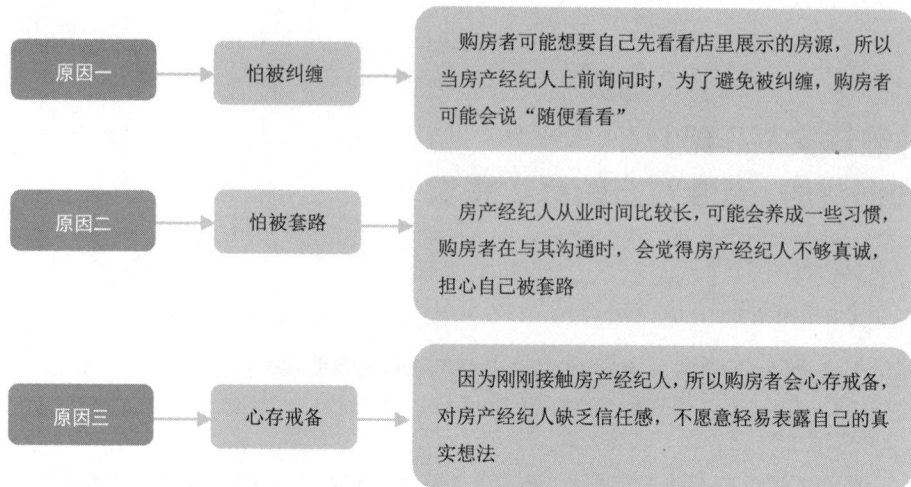

图4-1  购房者不愿意说出需求的原因

例如，房产经纪人可以对购房者说："您买房主要是为了做什么呢？主要考虑哪几点因素呢？您期望找到什么样的二手房呢？我会根据您的需求为您推荐最合适的房源。"

❷ 间接分析法。对方不愿意直接说的原因，即使我们询问他也不会说，因为他心存戒备，但是他总会提出一些要求或建议，这时候需要我们更加用心，用手机记事本记下每一次带他看房的经历，回店后综合所有的信息进行分析。

❸ 否定观察法。在带看的过程中，购房者一定会说这套房哪里不好，那套房哪里不合适，我们还是要用手机记事本记下这些信息，观言察行，从他否定房源的负面角度来判断出他正面的购房需求。

例如，有些购房者可能对面积的大小需求并不清楚，那么我们可以推荐不同面积的多套房源，从他否定的面积中推断出他能够接受的真实面积。

同样，对于购房的预算，有些客户也不愿意说，我们也可以采用这种方法，通过排除的方式来摸准对方能够接受的真实价位。


读书笔记，自己的感悟与补充：

_____

_____

# 【情景实战041】
# 为何卖房，明白原因对成交很重要

【小房同学】问：

大鱼老师，如果业主到店登记房源出售，那么在与其进行沟通时，我要重点把握哪些信息呢？

【大鱼老师】答：

在接受业主的房产委托出售时，房产经纪人必须了解对应二手房的基本信息，最重要的还是需要明白业主卖房的原因，这对成交的时间、价格和速度都非常重要。

对于房产经纪人来说，业主委托你卖房，也需要你持续为其提供服务。此时房产经纪人不仅需要站在业主的角度进行思考，了解业主为何要卖房，最关键的是，对方卖房需求的强弱对于成交的时间、价格和速度至关重要。

❶ 明白业主的想法。通过与业主详细沟通了解其售房动机，明白业主的真实想法，从而想其所想，更好地为其提供持续及定期反馈服务。

例如，当客户因为急需资金周转而出售房产时，房产经纪人可以在营销推广时突出"低价急售"，吸引更多的人来关注此房源。

❷ 需求强弱影响成交。卖房的真实原因是我们分析客户重要的心理依据，以及后面谈价的筹码。

例如，卖房者如果是因为缺钱，他越急着用钱，就会越急着出售，此时他在价格上的让步就会越大，成交的速度就会越快；反之，如果他不缺钱，或者不急着用钱，那么他在价格上的让步就会越小，这些都会影响成交的速度。

又如，有一个客户，想卖掉小房子，腾出购房的资格来买大房子，如果他越想早点儿腾出资格，那么小房子的价格就越好谈，从而越有利于成交。

# 【情景实战042】
# 有效管理，按购房动机进行分类

【小房同学】问：

大鱼老师，现在有购房需求的人群还是挺多的，不过他们的购房动机各有不同。那么，我们应如何进行有效管理呢？

【大鱼老师】答：

我们可以通过沟通来挖掘购房者的心理和需求，并根据购房者的购房动机进行分类，为其推荐合适的房源。

对于房产经纪人来说，对购房者进行分类，并根据购房者的类别采取合适的管理策略。

❶ 对购房者进行分类。将购房者依据从带看到成交的转化效率，分为A、B、C、D这四个类别。

❷ 合理分配时间和精力。房产经纪人可以根据购房者的类别，更合理地分配自身的时间和精力，将时间和精力投入更快成交的客户身上，从而收获更佳的效果。

❸ 采取针对性的管理策略。不同类别的购房者可能有不同的需求，房产经纪人可以有针对性地采取对应的管理策略，让购房者的需求更好地得到满足。

具体来说，房产经纪人可以根据购房动机将购房者分为四种类型，即刚需型、投资型、投机型和其他购房者。

## 1. 刚需型购房者

刚需型购房者主要是指购买二手房的需求非常强烈的群体，对于这类购房者来说，二手房甚至成为其短期内必须购买的东西。对于房产经纪人来说，刚需型购房者是成交率相对较高的一类购房者，这类购房者通常具有三个特点，如图4-2所示。

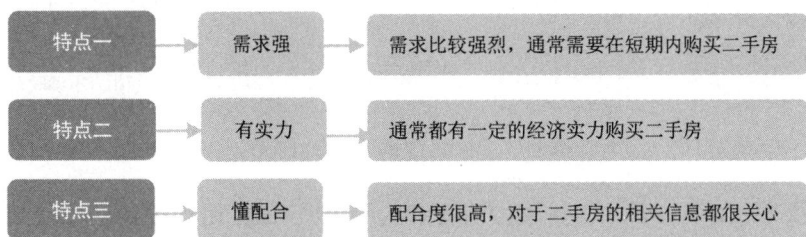

图4-2　刚需型购房者的特点

正是因为刚需型购房者的价值很高，所以房产经纪人需要将自己的时间和精力更多地花费在这类客户身上，为其提供更加优质的服务。具体来说，房产经纪人可以从以下几个方面对刚需型购房者进行管理。

❶ 提供定制服务。了解刚需型购房者的喜好，并据此提供定制服务，提高刚需型购房者的满意度。例如，当购房者急需在孩子上学前在附近的小区里购买二手房时，房产经纪人可以通过多种方法搜索附近的房源，并全程陪同购房者看房，直至帮购房者找到满意的二手房。

❷ 建立良好的关系。将更多的时间和精力花费在刚需型购房者身上，多与刚需型购房者进行沟通，拉近彼此之间的距离。

**2. 投资型购房者**

投资型购房者泛指那些买房用来进行投资的购房者，这类购房者买房后基本不会自住，他们更看重的是二手房的投资价值，也就是二手房未来可升值的空间及变现能力。对于房产经纪人来说，投资型购房者的成交率仅次于刚需型购房者的成交率，这类购房者通常具有三个特点，如图4-3所示。

通常来说，只有当投资型购房者觉得有利可图时，才会购买二手房。对此，房产经纪人需要重点做好以下几项工作。

❶ 增加沟通。多与投资型购房者进行沟通，拉近彼此之间的距离，让其更加信任自己。

| 特点一 → 实力强劲 → 拥有较强的经济实力 |
| 特点二 → 看重价值 → 与居住环境相比，更看重二手房的升值空间 |
| 特点三 → 比较被动 → 不太主动，在很多时候需要房产经纪人主动联系 |

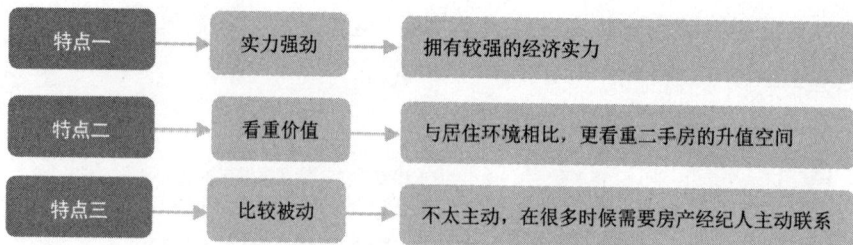

图4-3　投资型购房者的特点

❷ 想其所想。多站在投资型购房者的角度想问题，重点推荐升值空间比较大的二手房，提高其购买意愿。

❸ 给出福利。在给投资型购房者推荐二手房时，可以适当地给出一些福利，如交易成功赠送购物卡，通过销售仪式感增强其购买欲望。

### 3. 投机型购房者

投机型购房者又称捡漏型购房者，主要是指用极低的价格购买二手房，从而直接赚取可观收益的一类购房者。虽然投资型购房者和投机型购房者都是利用二手房买卖来获得收益的，但是二者之间存在明显的差异。投资型购房者比较看重二手房的中长期投资价值，而投机型购房者则是通过短期买卖来获取利益。

对于房产经纪人来说，投机型购房者的价值相对有限，因为要与其达成交易并不是一件容易的事。具体来说，投机型购房者通常具有三个特点，如图4-4所示。

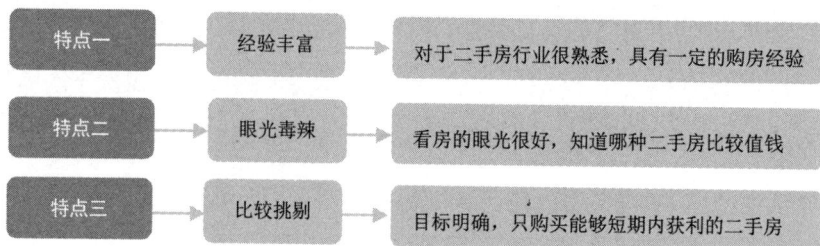

| 特点一 → 经验丰富 → 对于二手房行业很熟悉，具有一定的购房经验 |
| 特点二 → 眼光毒辣 → 看房的眼光很好，知道哪种二手房比较值钱 |
| 特点三 → 比较挑剔 → 目标明确，只购买能够短期内获利的二手房 |

图4-4　投机型购房者的特点

很多投机型购房者可能会同时查看多个房产经纪人的房源，哪个房产经纪人手中有可以捡漏的二手房，他们就与哪个房产经纪人合作。因此，对于房产经纪人来说，投机型购房者的可信度是比较低的。

### 4. 其他购房者

除了上述三类购房者，房产经纪人可能还会遇到其他类型的购房者。例如，有的购房者可能并不急需购买二手房，也没有通过买卖二手房获利的想法，他们可能只是对买卖二手房有兴趣，想增加了解，于是便找到了房产经纪人。

在与这类购房者进行沟通的过程中，房产经纪人要用心做好服务，不能因为购房者现在没有强烈的购房需求就敷衍了事。毕竟购房者的购房需求是会出现变化的，现在不太想买，并不代表将来不会买。如果购房者现在找你，你爱搭不理的，那么等购房者真正要购买二手房时，他可能就不会再找你了。

# 【情景实战043】
# 过分疑虑，购房者挑来挑去都不满意

【小房同学】问：

大鱼老师，有的购房者在购买二手房时有很多疑虑，看了大半天也没有找到满意的。那么，我们还有没有必要继续为这类购房者服务呢？

【大鱼老师】答：

购买二手房对于大多数人来说都是一件大事，购房者慎重一点儿其实是很正常的，只是有的购房者可能过于慎重，所以会显得有各种疑虑。在面对这类购房者时，房产经纪人要在消除其疑虑的同时，通过言语引导，让购房者下定购买的决心。

### 1. 基本的应对：答疑解惑、获取信任

如果购房者在选购二手房时显得过分疑虑，那么房产经纪人可以通过做好以下几点，引导购房者完成二手房的选购。

❶ 答疑解惑。当购房者有疑虑时，房产经纪人要一一为其进行讲解，消除

其疑虑，增加购房者对二手房的满意度。请记住，只要你肯回复，问题就解决了一半。根据多年的经验，有时客户要的就是回复本身，因为你的回复总有一些合理的地方。事情总有两面性，客户考虑的角度如果是利，你就回复弊；如果是弊，你就回复利。

例如，有的房源离马路比较近，购房者觉得噪声大，会影响睡眠质量。对此，房子经纪人可以告诉购房者，现在的隔音玻璃技术已经非常成熟了，有双层玻璃、三玻两腔玻璃，还有充氩气的玻璃，能消音90%以上。另外，房产经纪人还可以通过告知该房源具有价格低、采光性好等优势，来增加购房者的满意度。

❷ 获取信任。对购房者的疑虑表示理解，表示自己购买二手房也会有很多考虑，从而拉近与购房者的距离。在获得购房者的信任之后，再根据购房者的需求为其推荐合适的二手房源，并站在购房者的角度展示二手房源的优势，从而增加购房者的购买意愿。

例如，有的购房者可能会对二手房的价格有疑虑，觉得花费上百万元买一套二手房可能没必要。房产经纪人可以对购房者的想法表示理解，毕竟这个价格也可以买到新房。这样，购房者会觉得你站在他的角度想问题，你们之间的距离自然就拉近了。

当然，在表示理解的同时，房产经纪人还需要适当进行引导，给购房者一个购房理由。例如，将同样的资金购买到的二手房和新房面积进行对比，让购房者觉得购买二手房的性价比更高，比如周边配套更成熟、入住时间更快等。

### 2. 深入的分析：百里理论、百问耐心

根据多年的销售经验，过分疑虑的人是性格本身谨慎的原因，考虑问题会比一般人想得多、想得细、想得全，他们不仅买房子是这样的，做其他事也是如此。对于这类人的做事风格，很多刚入行的新人会接受不了，甚至会觉得这类人不是诚心想买房，多数新手经纪人会选择放弃。

应对这类客户最好的办法就是比他们考虑的问题还多、还细、还全，比他们更有耐心，长久相处下来，他们便会认同你、信任你。如果你嫌麻烦，中途放弃，那么他们会认为你不专业，也没有耐心，便不会再信任你，会立即找其他房产经

纪人来接手。具体来说，房产经纪人可以通过如下方法做好深入分析。

❶ 百里陪看。有人曾总结了一个百里陪看理论：假定每个购房者从找你开始，接下来犹如走路，有的购房者陪他走了20公里，可能就成交了，有的需要陪他走50公里才能成交，有的则需要陪走他80公里或100公里才能成交。许多新手经纪人陪客户走了几十公里便慢慢放弃了，只有"剩者为王"，一路上不停坚持，陪着客户走了百里路的人才能"修成正果"。如果一开始你就有陪客户走120公里或者200公里的心态，那么你的成交率一定会高很多。

❷ 百问耐心。再讲解一个成交理论，叫"百问耐心"。你是否仔细统计过，你之前成交的客户，从认识你开始到成功签单，一共问过你多少个问题？有的是30个，有的是60个，有的是90个。你会发现，在大多数情况下，客户问得越多就代表诚意越足，他们之所以要问，是因为发现了新的问题。这时候，你一定要更有耐心，如果对方想问100个问题，那么你要准备回答120个问题的耐心，这样，你的成交率就会高很多。

例如，你是否统计过：

每成交一套房源，你需要带购房者看多少套房源？

购房者中意的某套房源，早中晚、天晴或下雨，一共会看多少次才会签单？

**3. 帮助他厘清：适合的才是最好的**

购房者挑来挑去都不满意，有以下两个方面的原因。

❶ 不够理想。房产经纪人推荐的房源确实没有达到购房者的预期或者理想状态。这时候该怎么办？根据实战经验，沟通是解决很多问题的良策。找个合理的时间，开门见山，问明购房者究竟想买一套什么样的房子，请他列出一些具体的指标，比如地段要求、面积大小、户型朝向、小区配套、周边学校等，一定要用笔记下来，这是购房者对未来房子的具体画像。如果将我们给购房者找房子比喻成射箭，那么这个画像就是靶心，有了靶心就等于有了精准的定位和方向，然后朝这个靶心努力寻找最适合购房者的理想房源。

❷ 不知所终。有时购房者也不知道自己到底想买一套什么样的房子，这时

最重要的是帮助购房者梳理内心的需求,他买房的动机是什么,具体要求是什么,一共有几个人住,分别是什么年龄段的人,彼此的关系是什么,每个人的兴趣爱好是什么,我们要帮助购房者找到射箭的清晰"靶心",将需求根据重要程度依次排序,给购房者匹配最适合的房源,这样房产经纪人才不会跟着迷茫的购房者,将时间浪费在远离"靶心"的房源上。否则,双方不仅都累,而且还会相互埋怨。

例如,有一个购房者想买一套地铁房,房产经纪人推荐了好几套,他都不满意,因为每套房源各有优劣,最后我们帮他梳理且明确了需求的主次:选择地铁房的原因是考虑上下班方便,还是去市中心方便;地铁可以直达公司的差房源与需要转乘两次地铁的好房源选哪个;选离地铁站近的小房子还是离地铁站远的大房子;人生其实就是一道道选择题,一一选下来,目标就清晰了。如果不会选,就用排除法,最后留下的就是想要的答案。

作为房产经纪人,最怕的不是挑剔的客户,而是不诚心的客户。俗话说:嫌货人才是买货人。只要是诚心想买房的购房者,我们可以陪他走上百里路、回答他上百个问题,以及帮助他梳理需求找到理想的房源,只要最后能成交,一切都值得。最怕的是没有购房需求的客户,你帮他做了所有的事情,最后还是签不了单。

读书笔记,自己的感悟与补充:

_____

_____

_____

实操心得,记下来让自己更上一层楼:

_____

_____

_____

# 【情景实战044】
# 一眼看中，却觉得二手房的价格太高

【小房同学】问：

大鱼老师，我碰到过很多这种情况：购房者一眼就看中了某套二手房，结果却因为价格太高而放弃了。面对这种情况，我们要怎样增加购房者的购买意愿，提高二手房的成交率呢？

【大鱼老师】答：

这种情况在二手房销售行业中是很常见的，由于对二手房的市场行情不够了解，所以很多人的心理价往往会低于市场价。对此，房产经纪人可以通过引导，让购房者了解市场行情。

有的购房者对二手房的市场行情缺乏准确的认知，主观地认为自己看中的房子价格虚高。对此，房产经纪人可以通过如下方法让购房者了解市场行情和对应二手房的价值。

❶ 让购房者了解市场行情。通过向购房者展示同类二手房的价格，让购房者了解市场的基本行情。这样，购房者可能就不会觉得房子的标价太高了。

例如，房产经纪人可以向购房者展示附近类似房源的标价和成交价，如果这些房源的标价和成交价都明显高于你推荐的二手房的价格，那么购房者便会明白该二手房的价格是比较合理的。

❷ 体现二手房的价值。向购房者介绍二手房的各种优势，从而让购房者将关注点从价格转移到价值上，让其觉得二手房是物超所值的。

❸ 通过成交让购房者反省。有些购房者会比较固执，如果他认为某套房源的价格高了，只有等他中意的这套房源被别人很快买走后，他才会反思自己出的价是不是真的低了。

# 【情景实战045】
# 久未售出，卖房者开始表达不满情绪

【小房同学】问：

大鱼老师，有的房子挂了很久还没卖出去，卖房者觉得是我不够负责，没有做足宣传推广方面的工作。但实际情况是，我每天都会努力地宣传推广，但是咨询的人都不是很多，我真的觉得好委屈呀！如果您遇到这种情况，您会怎样去解决呢？

【大鱼老师】答：

这种情况是卖房者和房产经纪人都不愿意看到的，只是问题既然出现了，房产经纪人就要认真分析，寻找解决方案。

从事二手房销售行业一段时间之后，房产经纪人便会明白：卖出去的不一定都是优质房源，但卖不出去的房源通常都存在一些问题。如果业主的房子委托了很久还没卖出去，那么房产经纪人可以为卖房者分析这种情况出现的原因。通常来说，房子挂了很久还没卖出去，主要有四个原因，如图4-5所示。

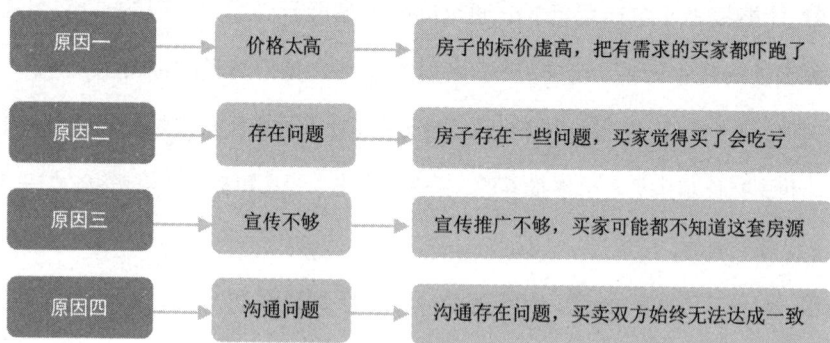

图4-5　房子挂了很久还没卖出去的主要原因

卖房者之所以会生出不满情绪，主要还是因为房子挂了很久还没卖出去，他就会有些焦虑。而且有的卖房者可能之前也不急着用钱，所以房子没卖出去也觉得无所谓，但是现在急需用钱了，就希望房子能快点儿卖出去。因此，在了解了房子没卖出去的原因之后，房产经纪人需要为卖房者寻找策略，尽快将房子卖出去。

如果确定是房子的标价有些虚高，那么房产经纪人可以将同类房源的价格展示出来，让卖房者明白需要调整其二手房的价格。当卖房者对比价格之后会发现价格确实高了，如果他又急着将房子卖出去，那么他自然会愿意调整标价。当然，为了保护卖房者的利益，降价也要适度，否则房子卖出去之后，卖房者可能会觉得自己损失较大。

如果有多个买家反馈二手房存在各种问题，那么房产经纪人一定要及时告知卖房者。这样卖房者只要解决这些问题，或者通过降价来增加吸引力，该二手房自然就会更容易卖出去。

如果是对二手房的宣传推广不够，那么房产经纪人需要通过多种渠道增加其曝光量。随着曝光量的增加，附近对该二手房感兴趣的人会越来越多，该二手房自然会更容易卖出去。

如果是因为沟通存在问题，那么房产经纪人需要具体分析是哪个环节出了问题。通常来说，沟通出现问题主要有三个环节，如图4-6所示。在找出沟通出现问题的环节之后，房产经纪人需要找到对应的解决方法，让沟通变得顺畅起来。

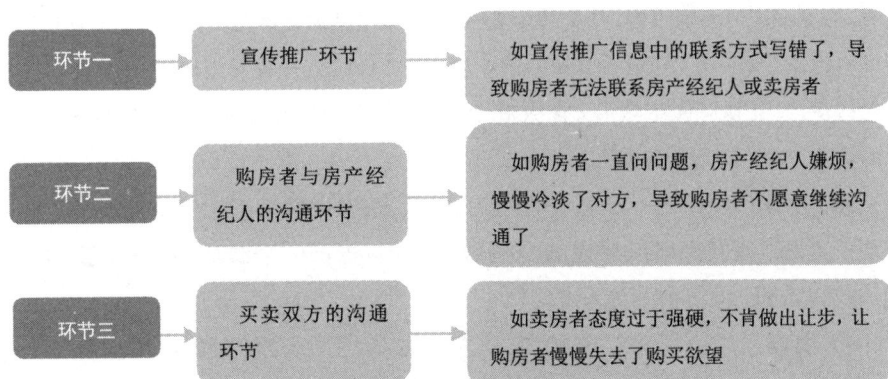

| 环节一 | → | 宣传推广环节 | → | 如宣传推广信息中的联系方式写错了，导致购房者无法联系房产经纪人或卖房者 |
| 环节二 | → | 购房者与房产经纪人的沟通环节 | → | 如购房者一直问问题，房产经纪人嫌烦，慢慢冷淡了对方，导致购房者不愿意继续沟通了 |
| 环节三 | → | 买卖双方的沟通环节 | → | 如卖房者态度过于强硬，不肯做出让步，让购房者慢慢失去了购买欲望 |

图4-6　沟通出现问题的环节

## 【情景实战046】
## 不愿出手，卖房者觉得出价低于预期

【小房同学】问：

大鱼老师，房子挂了很久，好不容易有人看上了，但是卖房者却觉得出价太低不愿意出手，这种情况要怎么进行撮合呢？

【大鱼老师】答：

对于这种情况，我们可以先分析卖房者的心理，然后尽可能让购房者和卖房者坐下来进行协商，从而创造更多的交易机会。

卖房者在自己的房子里生活了一段时间，对房子有了感情，所以他对于房子的价格可能会有比较高的预期。但是，房产经纪人要想将卖房者的房子卖出去，就得学会从中调和，让卖房者和购房者达成交易。具体来说，房产经纪人可以重点做好以下工作，促成二手房交易。

❶ 创造线下协商机会。如果购房者愿意提高一些价格，卖房者在价格上也可以做出让步，那么房产经纪人可以为双方创造线下见面的机会，让双方坐下来好好协商，争取谈到双方都满意的价格。

例如，某套房源的卖房者要价1 000万元，而购房者出价600万元，这个价格离卖房者的预期差距太大了，房产经纪人在线上沟通了很多次都没有成交，于是安排买卖双方见面。俗话说"网上聊百遍，不如线下见一面"，线下见面是需要付出时间、精力和交通等成本的，是对买卖双方是否有诚心的检验。房产经纪人安排双方进行了一轮、二轮、三轮的谈价，让他们彼此想办法说服对方，我们从中调和，让彼此对市场价格有一个客观的认知，最后彼此各有退让，以850万元成交。

❷ 帮助不客观的一方形成清晰的认知。无论是购房者出价太低，还是卖房者要价太高，我们都可以通过成交的数据，让其形成一个清晰的认知。我们说了不一定有效果，但不说肯定没效果。

❸ 根据需求强弱来促进成交。天底下没有绝对公平的事情，也没有完全的中间之道。在前面的案例中，卖房者要价1 000万元，而购房者出价600万元，取个中间值800万元不一定能成交，要看彼此的需求谁强谁弱。如果购房者着急买房，或者对这套房子十分满意，那么其就处于弱势了，因此适当涨价也能接受。

## 【情景实战047】
## 资金风险，购房者担心花钱打了水漂

【小房同学】问：

大鱼老师，有的购房者真心想买某套二手房，但是又担心会存在资金风险，觉得花的钱可能会打了水漂。我们要怎样劝服这类购房者，让其放心购买二手房呢？

【大鱼老师】答：

对于这类担心会出现资金风险的购房者，房产经纪人需要想办法为其提供保障。只要保障到位了，让购房者觉得花了钱就能拿到房，那么购房者自然会更愿意购买。

部分购房者觉得购买二手房需要花很多钱，而且如果卖房者不讲信用，那么自己花了钱可能还不能如期拿到二手房。对此，房产经纪人可以通过如下四种方法为购房者提供一些保障，让购房者可以放心地购买二手房。

❶ 签订委托协议。房产经纪人可以和购房者签订委托协议，并且在协议中明确指出，只有购房者拿到了二手房，自己才能获得佣金。这样，购房者就会觉得房产经纪人为了拿到佣金，一定会帮自己拿到房子，而自己的资金风险自然就会变小了。

❷ 拟订买卖协议。房产经纪人可以帮买卖双方拟订二手房买卖协议，在协议中写明购房者向卖房者支付对应的资金即可获得房屋的所有权，并且让购房者和卖房者在协议上签字，使协议产生法律效力。

❸ 将资金托管给第三方。如果买卖双方都不信任对方，可以将资金托管给第三方，如房产经纪公司、双方都信任的某家银行等。

❹ 按阶段分批支付。买卖双方约定各阶段的支付比例，如签订合同付多少比例、房产过户付多少比例、房屋交接后付多少比例，且在合同中写明违约要承担的法律与经济责任。

# 【情景实战048】
# 房贷未清，卖房者要求购房者代为还款

【小房同学】问：

大鱼老师，购房者看中的二手房还未还清房贷，而且卖房者要求购房者代为还款，这种情况要怎么处理呢？

【大鱼老师】答：

面对这种情况，房产经纪人可以根据购房者的意愿来制订解决方案。当然，在制订方案时，房产经纪人要本着对购房者负责的原则，将相关事项都考虑进去，避免买卖双方产生纠纷。

卖房者要求购房者代为还款，可能是觉得自己拿到购房款项之后，仍需要每个月将房贷汇给银行，有些麻烦。对于卖房者的代为还款要求，房产经纪人可以根据购房者的意愿制订解决方案，具体如下。

❶ 购房者愿意代为还款。如果购房者愿意代为还款，那么房产经纪人需要在二手房交易合同中写明购房者自愿代卖房者还款，并且写明扣除房贷之后，购房者需要给卖房者支付的相关款项。

❷ 购房者不愿意代为还款。如果购房者不愿意代为还款，那么房产经纪人需要尽量撮合，让双方达成交易。当确定购房者以不代卖房者还款的方式购买二手房时，房产经纪人要在二手房交易合同中写明购房者只支付购买二手房的款项，不负责偿还卖房者的房贷。

❸ 寻找第三方财务机构。如果购房者不愿意代为还款，则还可以帮助他们寻找合法的、安全的第三方财务机构进行垫付，不过第三方财务机构会按天收取一定的利息。

第5章

# 13项技能，
# 提升二手房的带看转化率

**【小房同学】问：**

大鱼老师，对于房产经纪人来说，成交量与收益直接相关，那么我们应如何引导更多客户买卖二手房呢？

**【大鱼老师】答：**

提升二手房的成交量有一个关键，那就是提升二手房的带看转化率。房产经纪人需要掌握二手房带看的相关技能，从而让更多购房者愿意去买你手中的二手房。

# 【情景实战049】
# 自我审视，了解带看转化率低的原因

【小房同学】问：

大鱼老师，最近我感觉二手房带看转化率很低，好不容易有人愿意去看房，却因为种种因素没能实现转化。那么，有没有什么方法可以提高二手房的带看转化率呢？

【大鱼老师】答：

提高二手房带看转化率的方法有很多，其中比较直接、有效的一种方法就是通过自我审视了解带看转化率低的原因，并有针对性地制订带看策略，让购房者更愿意看房，甚至买房。

如果房产经纪人明显感觉到自己的带看转化率比较低，那么可以先进行自我审视，看看是不是自己做得不够好。通常来说，房产经纪人带看转化率低的原因主要有三个，如图5-1所示。

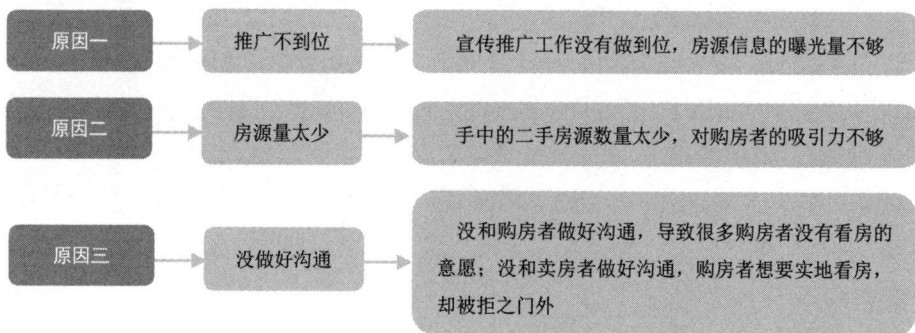

| 原因一 → | 推广不到位 → | 宣传推广工作没有做到位，房源信息的曝光量不够 |
|---|---|---|
| 原因二 → | 房源量太少 → | 手中的二手房源数量太少，对购房者的吸引力不够 |
| 原因三 → | 没做好沟通 → | 没和购房者做好沟通，导致很多购房者没有看房的意愿；没和卖房者做好沟通，购房者想要实地看房，却被拒之门外 |

图5-1 房产经纪人带看转化率低的原因

房产经纪人可以通过自我审视，了解自己的问题出在哪里，然后通过有针对性地制订策略来提高自身的带看转化率。

如果确定是宣传推广工作没做到位，房产经纪人就需要增加线上、线下的推广渠道和推广力度，使自己手中的二手房源获得更多的曝光量，从而吸引更多有需求的购房者找你来看房。

如果确定是手中的二手房源数量太少了，房产经纪人就需要通过各种方法搜索并获得更多二手房源的销售权，从而为有需求的购房者提供更大的选择空间，让更多购房者快速找到合适的房源。

如果确定是没和购房者做好沟通，房产经纪人就需要具体分析原因，然后制订对应的调整方案。通常来说，房产经纪人没和购房者做好沟通主要有四个原因，如图5-2所示。

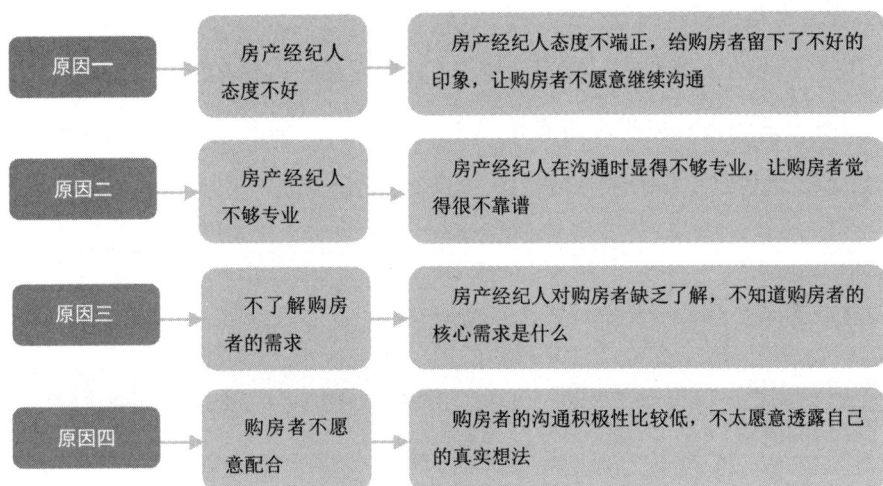

图5-2　房产经纪人没和购房者做好沟通的原因

例如，当购房者觉得你不够专业时，房产经纪人可以多向店里的其他房产经纪人学习，并通过实践不断地积累经验，让自己变得越来越专业。

如果确定是没和卖房者做好沟通，房产经纪人就需要找时间专门和卖房者做好对接，并建立好联系，让卖房者更加配合自己的工作，从而提升带客看房的便利性。

# 【情景实战050】
# 自我提升，掌握提高带看转化率的方法

【小房同学】问：

大鱼老师，像我这种新手应如何提高带看转化率呢？

【大鱼老师】答：

刚入行的房产经纪人实践经验不足，可以通过学习他人的成功经验来实现自我提升，从而有效地提高二手房的带看转化率。

房产经纪人要想快速实现自我提升，就需要通过自身实践和总结他人的经验，寻找合适的方法来提高带看转化率。通常来说，房产经纪人可以通过五种方法，有效地提高自身的带看转化率，如图5-3所示。

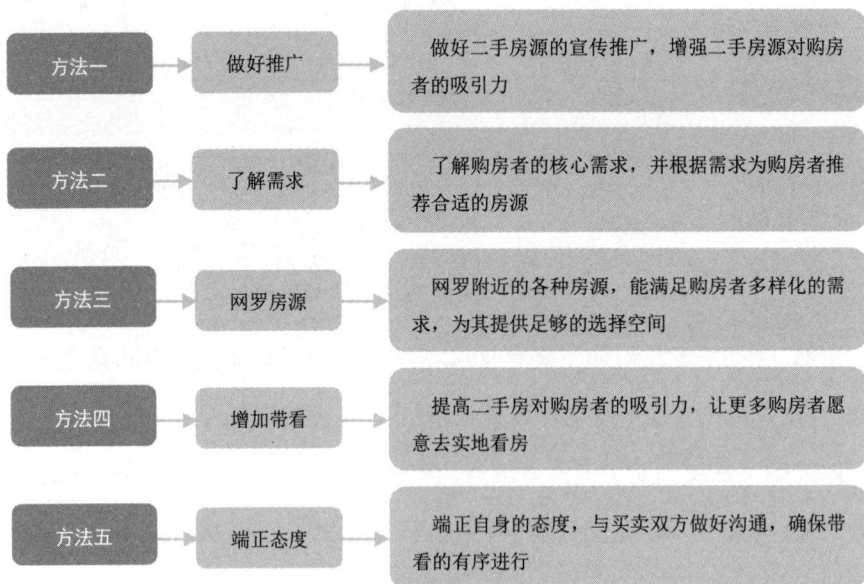

| 方法一 | 做好推广 | 做好二手房源的宣传推广，增强二手房源对购房者的吸引力 |
| --- | --- | --- |
| 方法二 | 了解需求 | 了解购房者的核心需求，并根据需求为购房者推荐合适的房源 |
| 方法三 | 网罗房源 | 网罗附近的各种房源，能满足购房者多样化的需求，为其提供足够的选择空间 |
| 方法四 | 增加带看 | 提高二手房对购房者的吸引力，让更多购房者愿意去实地看房 |
| 方法五 | 端正态度 | 端正自身的态度，与买卖双方做好沟通，确保带看的有序进行 |

图5-3 房产经纪人提高带看转化率的方法

在了解了提高带看转化率的方法之后，房产经纪人可以针对每种方法进行细化，制订具体的执行方案，通过日常工作进行实践来达到提高带看转化率的目的。

### 1. 做好推广

要想做好二手房源的宣传推广，房产经纪人不仅需要通过线上、线下的多种渠道对手中的二手房源进行推广，增加二手房源的曝光量，还要用心编写推广信息，增加推广信息对潜在购房者的吸引力。

### 2. 了解需求

了解购房者的需求是房产经纪人必须重点做好的一项工作，只有了解了购房者的需求，才能为其推荐更加合适的房源，从而实现带看的高效转化。

例如，房产经纪人可以直接对购房者说："您有什么要求可以说一下，我会根据您的要求进行推荐。"让购房者自行述说，并将其需求记录下来。房产经纪人还可以在沟通和带看的过程中，观察购房者的言行，分析他的实际需求。

### 3. 网罗房源

对于房产经纪人来说，手中的房源越多，带看的机会就越多，成交的概率通常就会越高，因此，网罗附近的房源是很有必要的。具体来说，房产经纪人需要通过第 2 章中展示的多种方法，尽可能多地获取附近二手房源的委托销售权。

### 4. 增加带看

通常来说，只有让更多的购房者愿意去看二手房，房产经纪人的带看量和带看转化率才会更有保障。因此，房产经纪人还要通过一些方法来提升客户的看房意愿，具体如下。

❶ 根据二手房源来找购房者。在获得二手房的委托销售权之后，房产经纪人可以实地查看二手房，并总结其闪光点，然后在介绍该二手房时，重点展示其闪光点，增强购房者的看房意愿。

例如，房产经纪人可以在了解购房者的需求之后，将符合其需求的二手房推荐给购房者，并在推荐时重点讲解该二手房的闪光点。这样一来，该二手房本来就能满足购房者的基本需求,再加上它还有其他二手房难以比拟的闪光点,购房者自然会更想去实地看房。

❷ 让购买者看到二手房的潜力。二手房的潜力是购房者比较看重的一个因素,那些看起来普普通通的二手房,只要潜力足够大,在购房者眼中就会变得有价值。因此,房产经纪人可以借助二手房的潜力来提升购房者的看房意愿。

❸ 增加二手房的展示效果。增加二手房的展示效果,主要是指提高二手房的"颜值",让二手房的营销推广内容更加吸睛。通常来说,增加二手房的展示效果主要有两种方法:一种是对二手房进行优化,让其看起来更加美观;另一种是对营销推广内容进行优化,让二手房展示出更高的"颜值"。

例如,如图5-4所示,同样是二手房的客厅,左图中没有对房间进行优化,看起来比较凌乱;右图中对房间进行了优化,看起来非常整洁,如果你是购房者,你会选择看哪套二手房呢?答案不言而喻。

图5-4  二手房的客厅展示图

又如,如图5-5所示,当拍摄的照片比较暗时(左图),房产经纪人可以适当调整照片的亮度,让照片看起来更加明亮(右图)。

图5-5　照片优化处理的前后对比

❹ 对二手房的不足之处进行改善。有的二手房可能存在明显的不足，如墙面有黑点、地面不干净和地板开裂等。房产经纪人可以与卖房者进行沟通，对这些不足之处进行改善，从而让二手房更受购房者的欢迎。图5-6为某二手房的宣传推广图片，从图5-6中不难看出，该二手房的地面不太干净，甚至可以说有点儿杂乱。对此，房产经纪人可以对地面进行清理，将有用的物品摆放整齐，丢掉没用的物品。

图5-6　某二手房的宣传推广图片

## 5. 端正态度

房产经纪人的态度会直接影响买卖双方的情绪，如果房产经纪人的态度端正，便可以在购房者和卖房者心中留下良好的印象，而整个带看过程也将变得更加顺利。具体来说，房产经纪人可以从三个方面端正自身的态度，给买卖双方留下良好的印象，如图5-7所示。

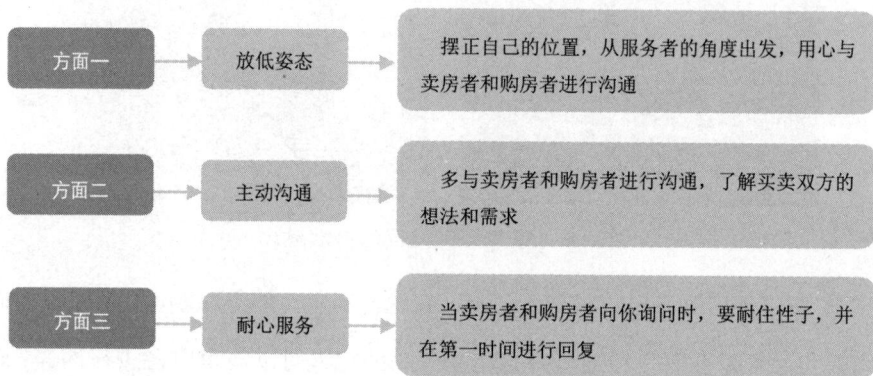

| 方面一 | 放低姿态 | 摆正自己的位置，从服务者的角度出发，用心与卖房者和购房者进行沟通 |
|---|---|---|
| 方面二 | 主动沟通 | 多与卖房者和购房者进行沟通，了解买卖双方的想法和需求 |
| 方面三 | 耐心服务 | 当卖房者和购房者向你询问时，要耐住性子，并在第一时间进行回复 |

图5-7　端正自身的态度

读书笔记，自己的感悟与补充：

_____

_____

_____

实操心得，记下来让自己更上一层楼：

_____

_____

_____

_____

## 【情景实战051】
## 识别客户，什么样的客户容易被转化

【小房同学】问：

大鱼老师，我们可不可以从客户入手，以提升二手房的带看转化率呢？

【大鱼老师】答：

不同的客户对二手房的需求强烈程度也不同。我们可以对客户进行识别，选择需求相对强烈的客户进行重点沟通，实现高效转化。

房产经纪人可以对客户进行识别，并拿出更多的时间和精力与需求强烈的客户进行沟通。通常来说，有三类购房者对二手房的购买需求比较强烈，也更容易被转化，如图5-8所示。

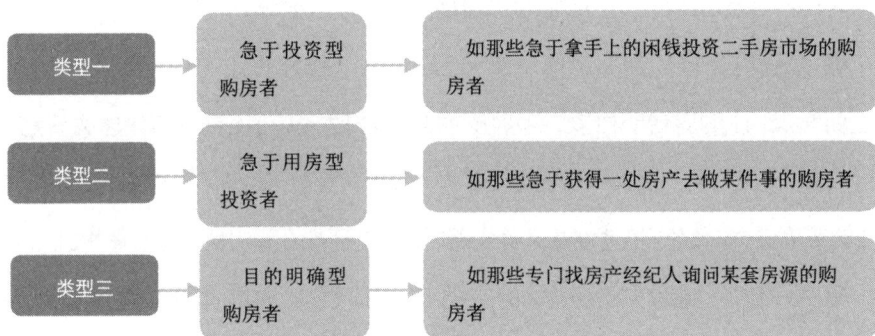

图5-8　对二手房需求强烈的购房者

例如，某位购房者一上来就询问房产经纪人关于某套二手房的信息，那么该购房者对于该二手房的购买需求往往是比较强烈的。此时，如果房产经纪人拥有该房源的出售权，并且该房源的出售价格是购房者能够接受的，那么只要房产经纪人进行适当引导，购房者很可能就会购买这套二手房。

## 【情景实战052】
## 性子很慢，找到了合适的房源也不愿去看

【小房同学】问：

大鱼老师，有的购房者一点儿也不急，我找到了合适的房源他也不愿意去看。对于这样的购房者，我们应该怎样让他自愿去看房呢？

【大鱼老师】答：

有的购房者性子比较慢，如果你总是催，他可能倒不着急了。对于这类购房者，我们可以适当给予一些引导，让他变得积极起来。

那些慢性子的购房者习惯了自己的节奏，如果房产经纪人总是催，他们可能会产生厌烦情绪，反而更不愿意去看房了。此时，房产经纪人可以适当地给这些购房者一些压力，让他们主动想要去看房，具体方法如下。

❶ 增强购房者的购买意愿。房产经纪人可以想办法让购房者看到二手房源的主要卖点，让购房者明白该二手房源非常适合他，从而让其忍不住想去看房。

例如，房产经纪人可以通过发微信等方式告知购房者，这套房源不仅户型合理，而且小区环境好、交通便利，关键是离学校近，错过就很难再找到这么好的房源了。

❷ 给购房者制造一些压力。房产经纪人可以告诉购房者该二手房源比较抢手，有几个房产经纪人都带看了，并且还有几位购房者在犹豫要不要买。如果购房者不抓紧时间去看房，那么等其他人买了，就再也没有机会了。

读书笔记，自己的感悟与补充：

_____

_____

_____

# 【情景实战053】
# 房源抢手，但购房者只有周末有时间去看房

【小房同学】问：

大鱼老师，如果某套房源很抢手，也很适合购房者，但购房者只有周末有时间去看房，遇到这种情况应该怎么办呢？

【大鱼老师】答：

遇到这种情况，房产经纪人需要重点为购房者推荐该房源，并说明当前的形势，让购房者抽时间去看房。

虽然购房者说只有周末有时间去看房，但是很多房源不一定能留到周末，而且大多数购房者还是可以抽一些时间去看房的，即便白天上班去不了，也可以等下班之后去。对此，房产经纪人可以通过如下方法引导购房者，让其主动抽时间去看房。

❶ 向购房者说明该房源很抢手。房产经纪人可以告知购房者已经有其他人去看房了，让购房者觉得还没到周末该二手房就会被卖出去。

例如，当有其他购房者去看该房源时，房产经纪人可以告知购房者；又如，房产经纪人可以告诉购房者，今天有多少人看了该房源，其中有几人有购买的意向。

❷ 告诉购房者该房源为当周必卖。房产经纪人可以告诉购房者有几位购房者看中了该房源，甚至有人在安排时间准备跟卖房者协商买卖事宜，让购房者明白该房源很可能近几天就会被卖出去。

例如，拍下其他购房者看这套房源的照片，特别是其他购房者与卖房者直接见面的照片，尤其是看一次、二次、三次的照片，或者其他购房者与卖房者一次、二次、三次见面的过程，这比发文字说明更加直观，也更具说服力。

# 【情景实战054】
# 想要带看，可是卖房者不太愿意来开门

【小房同学】问：

大鱼老师，好不容易有购房者想去看房，可是卖房者不太愿意来开门，遇到这种情况应该怎么办呢？

【大鱼老师】答：

当卖房者不太愿意来开门时，我们必须想办法把门打开，让购房者如愿完成看房。因为大多数购房者只有在实地看房之后，才会下定购买的决心。

如果卖房者不太愿意来开门，那么房产经纪人可以通过一些方法来打开房门，让购房者完成看房，如图5-9所示。

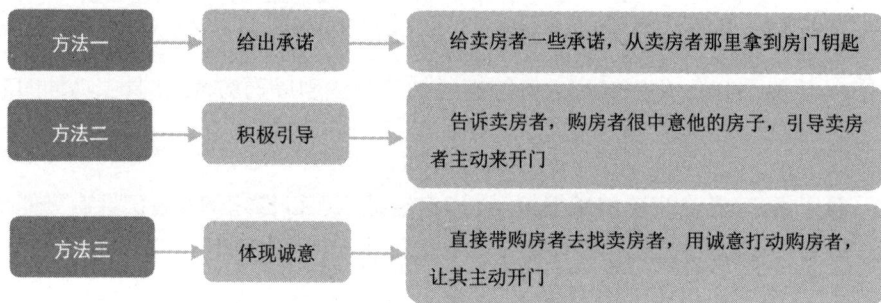

| 方法一 | 给出承诺 | 给卖房者一些承诺，从卖房者那里拿到房门钥匙 |
| --- | --- | --- |
| 方法二 | 积极引导 | 告诉卖房者，购房者很中意他的房子，引导卖房者主动来开门 |
| 方法三 | 体现诚意 | 直接带购房者去找卖房者，用诚意打动购房者，让其主动开门 |

图5-9　打开二手房源房门的方法

房产经纪人要仔细分析卖房者不太愿意来开门的原因，是不放心将钥匙交给你，还是不诚心卖房，只是挂出来探价，抑或是房间里有贵重物品不放心看房的人。

如果卖房者不放心将钥匙交给房产经纪人，那么房产经纪人可以以公司的名义给卖房者出具一份钥匙委托书；如果卖房者不诚心卖房，那么房产经纪人要优先推荐其他更容易成交的房源；如果房间里有贵重物品，则可以建议卖房者自己或委托附近的亲朋好友来监督看房。

核心原则就是：一方面，针对卖房者的顾虑，给出相应的对策，让其放心；另一方面，表达购房者特别喜欢这套房源，如果没有其他问题，那么立即成交的可能性比较大，以此来吸引卖房者前来开门。

# 【情景实战055】
# 热情下滑，购房者看了几套房源就不想再看了

【小房同学】问：

大鱼老师，有的购房者才看了几套房源就不想再看了，导致很难实现转化，遇到这种情况应该怎么办呢？

【大鱼老师】答：

遇到购房者热情下滑，看了几套房源就不想再看的情况，我们可以想办法提升购房者的看房热情，让购房者查看更多的二手房源，从而达到提升带看转化率的目的。

看了几套房源，还没有看到自己中意的，大部分购房者的热情都会下滑，甚至会有部分购房者不想继续看了。在出现这种情况时，房产经纪人可以通过如下方法提升购房者的看房热情。

❶ 直接说附近有房源。告诉购房者，附近还有一些其他的优质房源，只要走几步就到了，看房非常方便，在心理上让对方感觉轻松。

例如，房产经纪人可以提出包接包送的服务，询问对方哪个时间点最方便，可以开车去接他，并送他回去，让对方少走路，省心、省力。

❷ 直接说有更好的房源。告诉购房者，后面的几套房源比之前的更好、更能满足购房者的需求，并告诉购房者已经联系了卖房者，正在等购房者去看房。这样购房者会觉得不好推辞，即便有些不情愿，也会去看房。

❸ 给对方一个缓冲时间。俗话说"文武之道，一张一弛"，接连不断地看房确实有些辛苦，甚至有时还会产生排斥心理，不妨给对方一个缓冲、消化的时间，让对方休息一下，在这段时间里，自己再去挖掘一些新的房源，并想想下一阶段该如何提升购房者的看房满意度，从而提高带看转化率。

## 【情景实战056】
## 非常挑剔，购房者找各种理由增加看房量

【小房同学】问：

大鱼老师，有的购房者不断找各种理由来增加看房量，但是无论给他推荐什么房源，他都不满意，感觉为他服务就是在浪费时间。对于这种情况，我们应该怎么处理呢？

【大鱼老师】答：

当感觉某位购房者比较挑剔，很难实现转化时，我们可以适当减少投入在该购房者身上的时间和精力。当然，这并不是说要放弃为该购房者服务，只是说需要提高为其服务的效率，减少不必要的投入。

有的购房者可能想先把附近的所有房源看完，再从中选择合适的进行购买，所以会找各种理由来增加看房量。但是，对于房产经纪人来说，看了很多房源还没有成交的希望，这样的工作效率太低了。对此，房产经纪人可以通过一些方法减少购房者的看房量，从而提升自身的工作效率。

❶ 通过线上沟通展示房源信息。多通过微信等方式与购房者进行网上联系，并展示房源信息，让购房者在网上选好之后，再去实地看房，从而达到减少看房量的目的。

❷ 寻找托词，停止继续看房。当购房者看了很多房源后还想继续看时，告诉购房者暂时没有更为合适的房源，待以后有了再推荐给他。

❸ 重点推荐适合他的房源。从理性角度，根据购房者的需求排序，将最适合对方的房源推荐给他，并说明吻合的原因，让他在没有看房的这段时间里好好消化并认真考虑你推荐的房源。因为看得越多，越不思考，那些中意的房源越难走进他的内心。

❹ 有序带看，帮其做出选择。房产经纪人可以先带看一般的房源，再带看优质的房源，最后带看较差的房源。这样，看到后面，购房者会觉得接着带看可能也很难看到满意的，还不如从之前那些优质的房源中进行选择。

# 【情景实战057】
# 快速逼单，用心营造稀缺感和竞争效应

【小房同学】问：

大鱼老师，当购房者犹豫要不要购买某套房源时，我们有没有什么方法可以实现快速逼单，从而提升带看转化率呢？

【大鱼老师】答：

如果购房者犹豫要不要购买某套房源，就说明购房者对该房源有点儿动心了。此时，我们只要通过用心营造稀缺感和竞争效应，把购房者向前推一把，可能购房者就会下定决心购买了。

## 1. 营造稀缺感

俗话说得好，"物以稀为贵"。当某个东西比较稀缺时，会更容易引起人们的注意，让有需要的人争相购买。二手房源也是如此，那些稀缺的优质房源，在市场上会更加抢手。对此，房产经纪人可以通过一些方法营造二手房源的稀缺感，如图5-10所示。

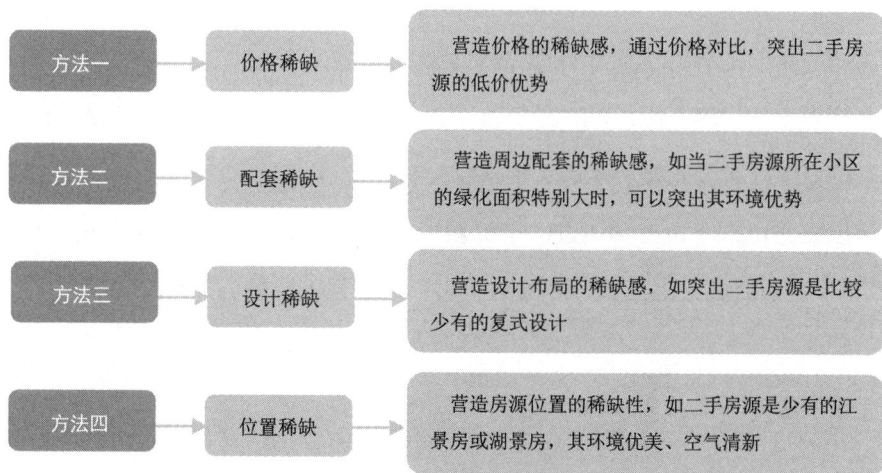

| 方法一 | → | 价格稀缺 | → | 营造价格的稀缺感，通过价格对比，突出二手房源的低价优势 |
| 方法二 | → | 配套稀缺 | → | 营造周边配套的稀缺感，如当二手房源所在小区的绿化面积特别大时，可以突出其环境优势 |
| 方法三 | → | 设计稀缺 | → | 营造设计布局的稀缺感，如突出二手房源是比较少有的复式设计 |
| 方法四 | → | 位置稀缺 | → | 营造房源位置的稀缺性，如二手房源是少有的江景房或湖景房，其环境优美、空气清新 |

图5-10　营造二手房源稀缺感的方法

例如，有的购房者用于购房的资金比较有限，想要获得更多的活动空间，那么购买复式设计的二手房会比较合适。

### 2. 营造竞争效应

很多时候有压力才会有动力，购房者买房也是如此，所以，在带看过程中，房产经纪人也可以适当给购房者制造一些压力，刺激购房者下定决心购买。具体来说，房产经纪人可以通过营造竞争效应，让购房者觉得很多人都看好该房源，从而让有需要的购房者快速达成交易，方法如下。

❶ 购房者之间的竞争。通常来说，那些优质的二手房源会受到多位购房者的关注，甚至有的购房者看房之后就在犹豫要不要购买。对此，房产经纪人可以直接通过其他购房者的态度来营造购房者之间的竞争，从而提高购房者的购买意愿。

例如，房产经纪人可以告知购房者，现在有几位购房者都看中了这套二手房，如果要购买，就得抓紧时间了。

❷ 房产经纪人之间的竞争。对于优质的房源，不只是购房者之间有竞争，就连房产经纪人之间可能也会有竞争。

例如，当二手房源比较优质时，多位房产经纪人可能会争相与卖房者沟通，以获得自己的成交。对此，房产经纪人可以告知购房者，很多房产经纪人都看中了这套二手房源，自己与卖房者沟通了几天才拿到了销售权。

相对来说，购房者之间的竞争可以直接给购房者带来压力，而房产经纪人之间的竞争则可以间接给购房者带来压力。

以上方法对于没有购买过房子的新人更有效，而对于购买过房子的人刺激作用不大，最好的办法还是寻找最适合他们的且性价比较高的房源。

*读书笔记，自己的感悟与补充：*

_____

_____

# 【情景实战058】
# 非常较真，购房者对房源提出各种要求

【小房同学】问：

大鱼老师，购房者看房时很较真，会对房源提出各种细节要求。在带看过程中，我们应该怎样让这类购房者更愿意购买二手房呢？

【大鱼老师】答：

较真的购房者通常会比较重视细节，会对二手房源提出各种要求。这种购房者觉得如果达不到自己所有的要求，就很难"迁就"购买。对此，房产经纪人可以想办法引导购房者做出决定。

那些喜欢较真的购房者通常会对二手房提出各种细节要求，而且带看的二手房越多，他们提出的细节要求越多。房产经纪人可以通过如下方法进行带看，引导购房者购买你推荐的二手房。

❶ 根据购房者的要求推荐二手房。有要求的购房者总比迷茫的购房者要好，因为要求就是需求，有需求就一一列示出来，并做好重要程度的排序，然后根据房源特点，房产经纪人起到牵线搭桥的作用，进行精准匹配。

❷ 看房不是越多越好，而要适可而止。挑剔或较真的客户看的房源越多，要求就越多，一旦细节上的要求太多，就会"只见树木，不见森林"，掉到细节里面出不来。所以，优秀的房产经纪人要比购房者还要清楚对方的需求，以及适合他的房源，设身处地，多次、重点沟通，让他明白，这套房子就是最适合他的房子。

读书笔记，自己的感悟与补充：

_____

_____

# 【情景实战059】
# 化解冲突，让买卖双方坐下来好好协商

【小房同学】问：

大鱼老师，有时候买卖双方谈着谈着，突然就翻了脸，这种情况要怎么处理呢？

【大鱼老师】答：

当买卖双方出现一些冲突时，房产经纪人要懂得从中进行调解，想办法让双方坐下来好好协商，只有这样才有完成交易的可能性。

因为买卖二手房事关买卖双方的利益，所以有时候会有一些争吵，或者冲突。而对于房产经纪人来说，只有化解了冲突，才有可能实现转化。对此，房产经纪人可以通过如下方法化解冲突，让买卖双方继续协商。

❶ 缓和气氛。当买卖双方发生冲突时，房产经纪人必须站出来缓和气氛。这不仅能避免发生更大的冲突，还能提升转化率。而且作为买卖双方的桥梁，房产经纪人与双方都有一定的联系，也是最适合站出来缓和气氛的人选。

例如，这时候，倒杯茶、端些水果，让双方缓一下、冷静一下、休息一下。

❷ 推进协商。既然双方是因为协商买卖二手房而聚集在一起的，那么在缓和气氛之后，房产经纪人还必须把自己摆到"主持人"的位置，通过语言表达进行引导，推进协商继续进行。

❸ 隔离劝说。曾遇到过一个非常高明的劝说者，一旦双方就价格剑拔弩张时，不会在同一空间劝说双方，而是安排两位同事将买卖双方引到不同的空间劝说，换一个场景，远离争执。

❹ 目标一致。首先让双方明白此行的目的是什么，让其冷静下来；然后劝说他们，为了共同的目标，各退一步。这时候，只要是诚心购房或卖房的人，多少都会做出让步。

如果争执过于激烈就结束沟通，建议双方都回去冷静考虑一下。有些成交是急不来的，需要借助时间的力量，让彼此有一个缓冲、台阶和让步。

# 【情景实战060】
# 做好积累，转化成功是长期努力的结果

【小房同学】问：

大鱼老师，我感觉那种高转化率的房产经纪人好厉害，他们能拿下那些看似不可能成交的单子，您觉得我应该怎么做才能像他们那么优秀呢？

【大鱼老师】答：

在二手房销售行业中，绝大多数房产经纪人都是通过不断积累来提升自己能力的，那些高转化率的房产经纪人可能付出了你难以想象的努力。同样，如果你能认真做好积累，通过实践不断总结经验，那么在不久的将来，你可能也会拥有超高的转化率。

在从事二手房销售工作的过程中，房产经纪人需要重点做好四个量的积累，不断积蓄自身的力量，具体如下。

### 1. 时间量

时间量的积累就是房产经纪人要将大量时间花在与二手房销售相关的事情上，通过时间量上的积累，寻求转化率上质的飞跃。具体来说，房产经纪人需要花时间做好三个方面的事项，如图5-11所示，不断积累二手房销售经验，增强自身的销售能力。

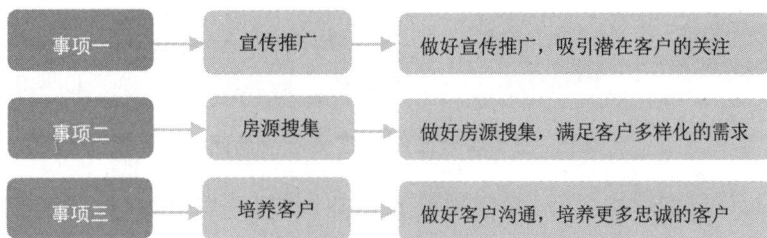

| 事项一 | → | 宣传推广 | → | 做好宣传推广，吸引潜在客户的关注 |
| 事项二 | → | 房源搜集 | → | 做好房源搜集，满足客户多样化的需求 |
| 事项三 | → | 培养客户 | → | 做好客户沟通，培养更多忠诚的客户 |

图5-11　房产经纪人需要花时间做好的事项

### 2. 房源量

房源量的积累就是通过线上、线下搜索，获得更多二手房源的委托销售权，从而为购房者提供更大的选择空间，满足客户多样化的需求。对于房产经纪人来说，手中的房源量就相当于自己的销售资本。

### 3. 信息量

信息量的积累包括两个方面：即二手房获取信息的积累和二手房发布信息的积累。具体来说，二手房获取信息的积累就是通过各种渠道及时了解二手房的相关政策，并网罗附近的二手房源信息；二手房发布信息的积累就是坚持日复一日地通过各类平台发布二手房销售信息来吸引更多客户的关注。

### 4. 问题解决量

在从事二手房销售工作的过程中，房产经纪人会遇到各种各样的问题，随着问题解决量的增加，房产经纪人会变得越来越专业。具体来说，房产经纪人需要重点解决四类问题，让自己变得更加专业，如图5-12所示。

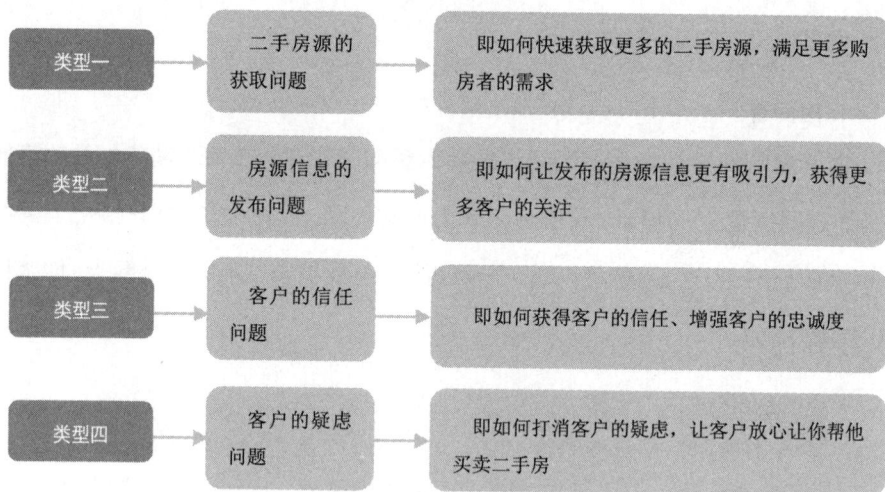

| 类型一 | 二手房源的获取问题 | 即如何快速获取更多的二手房源，满足更多购房者的需求 |
|---|---|---|
| 类型二 | 房源信息的发布问题 | 即如何让发布的房源信息更有吸引力，获得更多客户的关注 |
| 类型三 | 客户的信任问题 | 即如何获得客户的信任、增强客户的忠诚度 |
| 类型四 | 客户的疑虑问题 | 即如何打消客户的疑虑，让客户放心让你帮他买卖二手房 |

图5-12　房产经纪人需要解决的问题

还记得前面提到过的"百里陪看"与"百问耐心"理论吗？其本质就是打消客户的疑虑、获得客户的信任、积累客户的满意度、谈到成交的价位、抵达双方成交的心理点，这需要经历初期看房、中期挑选、后期谈价、末期再谈的一个过程，这需要时间的力量，让成交水到渠成。

# 【情景实战061】
# 做好复盘，为之后带看不断积累经验

【小房同学】问：

大鱼老师，在带看过程中，我总会犯一些错误，其中还有一些经常犯的错误，应该怎样规避呢？

【大鱼老师】答：

我们可以对带看过程进行复盘，总结自身做得好和需要改进的地方。这样做既可以给予自己心理暗示，也可以不断积累经验，从而提升自身的带看能力。

复盘就是做完某件事之后，对整个过程进行复演，从而了解自己有哪些地方做得好、有哪些地方需要改进。对于房产经纪人来说，通过复盘不断积累经验是提高带看转化率的一种有效手段。具体来说，在进行复盘的过程中，房产经纪人需要做好以下两项工作。

❶ 每次带看之后都进行复盘。及时了解自身做得好和需要改进的地方。

❷ 将自身存在的问题记录下来。如果只是在脑海里进行复盘，很可能过几天就忘了。因此，最好将复盘过程中总结出来的问题都记录下来，并将其张贴在显眼的位置，提醒自己以后少犯同样的错误。

例如，房产经纪人可以将复盘之后找到的问题一条一条地写在便利贴上，然后将便利贴粘贴在办公桌上，或者一条一条地列入手机备忘录中。这样，房产经纪人看得多了，就会牢记自己存在的问题，并在为客户服务的过程中多加注意，避免自己重复犯错。

❸ 最重要的是分析客户需求的匹配性。俗话说"好记性不如烂笔头"，每次带看时，用手机记事本记录客户表达的信息；带看结束后，对客户的需求进行精准分析与判断是十分有必要的。

第6章

# 11种方法，
# 促成客户签单

【小房同学】问：

　　大鱼老师，对于房产经纪人来说，做好各项工作都是为促成客户签单服务的，那么怎样提高客户签单率呢?

【大鱼老师】答：

　　我们可以针对各种情景，制订具体的沟通策略，从而引导更多的客户签单，达到提高客户签单率的目的。

# 【情景实战062】
# 全家出动，讨论了很久也无法统一意见

【小房同学】问：

大鱼老师，有的购房者看房时会全家出动，每个人的需求不同，全家讨论了很久也无法统一意见。在这种情况下，怎样促成客户签单呢？

【大鱼老师】答：

在这种情况下，听取所有人的意见显然是不太现实的。因此，房产经纪人需要找能做决定的人进行沟通，从而快速促成客户签单。

通常来说，当购房者全家一起看房而又无法统一意见时，房产经纪人可以通过如下四种方法与购房者进行沟通，以提高客户的签单率。

❶ 谁找的你，你就和谁沟通。在一般情况下，主动找房产经纪人的购房者为交易成功后的权利人，其在家庭中通常会有一定的话语权。而且即便该客户不是本次购房的关键决策人，他也会提示房产经纪人与购房决策人进行沟通。

❷ 选好时机，进行沟通。看房现场人多嘴杂，购房者全家很难进行有序沟通，且很多讨论的事宜，购房者更希望只有家庭内部成员知晓即可，并不太愿意让房产经纪人知道。所以，房产经纪人可以给购房者一些时间，让购房者全家讨论完之后，再与购房决策人进行沟通。

❸ 扬长避短，见招拆招。针对购房者及其家人提出的主要问题，进行见招拆招式的分析，紧扣购房决策人在意的房源亮点，进行扬长避短式的解说，与购房决策人站在同一立场，打消其他人的种种疑虑。

❹ 找个盟友，借力促销。当购房者全家出动时，房产经纪人"势单力薄"，会显得没有多少话语权。此时，房产经纪人可以先博取某个有话语权的家庭成员的好感，然后和这个家庭成员一起去说服其他人。

除了家庭成员，有的购买者可能还会带其他人（如律师、朋友等）一起来看房，房产经纪人要尽量博取他们的好感。当然，如果这些人的态度太过强硬，那么房产经纪人也要发表自己的专业见解，不能为了迎合而一直示弱。

## 【情景实战063】
## 已经动心，但购房者还无法下定决心

【小房同学】问：

大鱼老师，有的购房者明明已经动心了，但还是无法下定决心，面对这种情况应该怎么办呢？

【大鱼老师】答：

如果购房者已经对某套二手房动心了，那么房产经纪人只需要给其一个推力，购房者可能就会忍不住签单。

当购房者已经对二手房心动时，房产经纪人可以通过一些方法给其一个推力，引导客户签单，如图6-1所示。

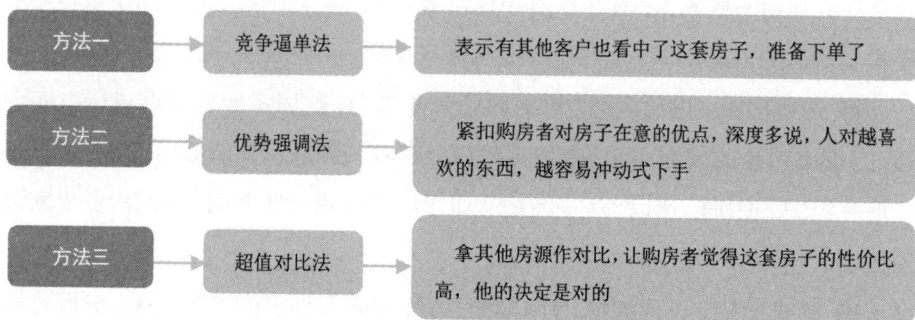

| 方法一 | → | 竞争逼单法 | → | 表示有其他客户也看中了这套房子，准备下单了 |
| 方法二 | → | 优势强调法 | → | 紧扣购房者对房子在意的优点，深度多说，人对越喜欢的东西，越容易冲动式下手 |
| 方法三 | → | 超值对比法 | → | 拿其他房源作对比，让购房者觉得这套房子的性价比高，他的决定是对的 |

图6-1 引导已动心客户签单的方法

以上办法是常规办法，最重要的还是与购房者沟通，知晓他的真实想法，从而"对症下药"，才更有效果。

读书笔记，自己的感悟与补充：

_____

_____

## 【情景实战064】
## 价格太高，购房者打算过一段时间再看

【小房同学】问：

大鱼老师，购房者对二手房基本满意，就是觉得价格太高了，所以打算过一段时间再看，这要怎样促成客户签单呢？

【大鱼老师】答：

既然购房者比较在意价格，那么房产经纪人可以着重从价格入手，让购房者觉得现在购买是划得来的。

购房者认为价格太高，打算过一段时间再看，很可能是因为他觉得过一段时间，该二手房的价格可能会降低一些。对此，房产经纪人可以在与购房者沟通时，通过四种方法提高签单率，具体如下。

### 1. 现在的价格不算高

部分购房者可能对二手房市场不太了解，所以觉得你推荐的二手房标价太高了，等几天可能就会降价。对此，房产经纪人可以通过如下方法增加购房者对二手房市场的了解，让购房者明白现在该二手房的价格不算高。

❶ 与同类房源作对比。将该二手房与近期委托在售的其他同类二手房进行对比，让购房者了解市场行情。除此之外，房产经纪人也可以拿一些对于价格期望值相对较高的卖房者委托在售的二手房与自己推荐的二手房进行对比，让购房者一看就明白该二手房的价格不算高。

例如，房产经纪人可以将同类二手房展示给购房者，说："您看，这套二手房和您看中的二手房情况基本上差不多，而且在同一个小区里，但是这套二手房的价格却高了10万元。相比之下，您看中的这套二手房真的很值得购买。"

❷ 结合成交数据进行说明。有的购房者对房子中意，却因为价格犹豫了，不敢下定决心，这无非是担心自己买吃亏，此时结合近期的成交数据进行说明比较具有说服力。房产经纪人可通过相关门户网站上的数据展示近期同类二手房的成交价，适当突出其中较高的二手房成交价。这样，购房者基于对近期同类房源的实际成交价的了解，能直观地明白房产经纪人推荐的二手房价格并不高。

例如，房产经纪人可以找出近期成交的同类二手房，并对购房者说："这些是近期成交的二手房，这些房子和您选中的二手房情况基本类似，但它们的成交价比您看中的这套二手房的价格都要高一些。所以我觉得，现在能用这样的价格购买到您看中的这套二手房，是物超所值的。"

❸ 与最初的委托价作对比。当二手房现在的委托价与最初的委托价相比已经有所降低时，房产经纪人可以向购房者展示调价记录，将现在的委托价与最初的委托价进行对比，让购房者明白现在购买比较合算。当然，为了避免购房者继续等待该二手房降价，房产经纪人还需进行卖房者为何降价等相关分析，让购房者明白该二手房很难再次降价。

例如，房产经纪人可以对购房者说："这套二手房最初的委托价是198万元，现在降到188万元，现在购买相当于节省了10万元。"

❹ 告知房价可能会上涨。房产经纪人可以将房价上涨的可能性告知购房者，让其明白现在这个价格是可遇不可求的。

例如，房产经纪人可以说："因为卖房者急需资金周转，所以现在这套房子才会低于市场价出售。我个人认为现在是购买这套房子的最佳时机。如果卖房者通过其他渠道获得了资金，那么即便这套二手房还需要出售，其价格肯定也会回归市场价。"

### 2. 价格还有商量的余地

很多二手房展示的售价只是委托价，并不是最终的成交价，也就是说，很多二手房的价格其实是有商量余地的。对此，房产经纪人可以帮购房者争取到更低的价格，从而达到促成客户签单的目的，具体方法如下。

❶ 与卖房者强化沟通。房产经纪人自行与卖房者沟通，试探卖房者的底价，并通过与卖房者强化沟通多次议价，让购房者获得更低的成交价。

例如，房产经纪人可以先告知卖房者，现在这个价格有些高，房子可能很难卖出去，并询问其是否能够降价出售。当卖房者给出新的价格之后，房产经纪人可借用购房者说这个价格还是超出其预期，并以能达到或更接近购房者预期的价格，创造三方面谈的机会，以此引导卖房者再次调整最低售价。

❷ 买卖双方直接沟通。安排购房者与卖房者直接沟通是最高效的方法。安排买卖双方见面，各出条件，直接沟通，然后使用"对半法则（买卖双方虽然都想争取到利益的最大化，但是为了达成交易，最终都会做出一些妥协）"来促成交易。

例如，买卖双方的价格差距是20万元，那就各退一步取其中，这样双方的接受度往往是最高的。

### 3. 让购房者占一些便宜

购房者觉得房价太高，主要是因为房价与自己的价格预期有一些差距。对此，房产经纪人可以让购房者占一些便宜，弥补这种差距，从而提高购房者的签单意愿，具体方法如下。

❶ 适度进行让利。让购房者占便宜的一种最直接的方式就是在价格上适度让利，降低二手房的销售价格。当然，在此过程中，房产经纪人还得把握好"度"，降价幅度不能太大。

例如，房产经纪人可以对购房者说："为了体现诚意，在我的权限范围内给您最大的让利，在委托价的基础上降低1万元，您觉得怎么样？"对于购房者来说，1万元的让价就相当于自己占到的便宜，这个便宜还不算小，所以有的购房者可能会坚定购买的决心。

❷ 给予一些赠品。有的卖房者卖出二手房之后，会直接购买新房，便可以将二手房里的相关配套设备等作为赠品，增加购房者的购房获得感，从而提高其

购房意愿。

例如，在征得卖房者同意后，房产经纪人可以对购房者说："卖房者为了表达自己的诚意，决定将房里的电视、冰箱和洗衣机免费赠送给您，这些赠品的价值都过万元了，这套二手房真的是买到就赚到了。"

❸ 减免相关费用。在居住房子的过程中会产生一些费用。房产经纪人可以通过减免相关费用的方式，让购房者占一些便宜。虽然在卖房者看来，有的费用已经提前交了，反正也要不回来了，但是对购房者来说，有一段时间不用交某些费用，就是实实在在地占到了便宜。

例如，房产经纪人可以对购房者说："卖房者刚刚将未来一年的物业费交了，如果您现在购买这套二手房，就相当于直接减免了一年的物业费，这种事情是可遇不可求的。"

### 4. 未来具有太多的不确定性

未来具有太多的不确定性，房产经纪人可以为购房者分析二手房未来可能会出现的变化，如图6-2所示。

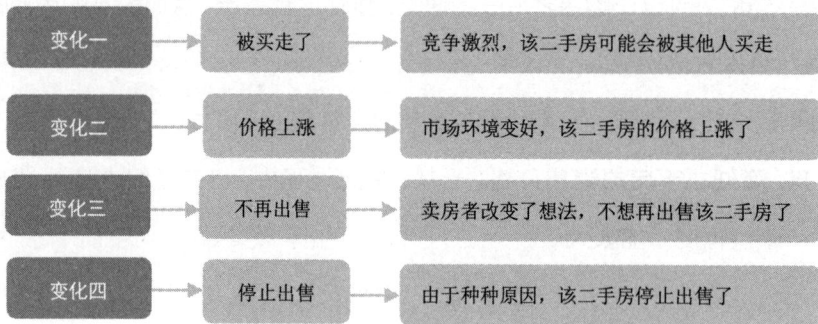

| 变化一 | 被买走了 | 竞争激烈，该二手房可能会被其他人买走 |
| --- | --- | --- |
| 变化二 | 价格上涨 | 市场环境变好，该二手房的价格上涨了 |
| 变化三 | 不再出售 | 卖房者改变了想法，不想再出售该二手房了 |
| 变化四 | 停止出售 | 由于种种原因，该二手房停止出售了 |

图6-2 二手房未来可能会出现的变化

房产经纪人可以结合二手房未来可能会出现的变化，对购房者进行引导。如果只是市场环境变好了，那么购房者还能通过加价进行购买；如果出现了其他变化，那么购房者很可能无法购买到该二手房。因此，为了避免出现上述变化导致自己陷入被动，购房者可能就会更愿意签单。

# 【情景实战065】
# 怀疑价值，购房者觉得二手房不值这个价

【小房同学】问：

大鱼老师，有的购房者怀疑二手房的价值，认为它不值这个价，在这种情况下要怎样引导客户签单呢？

【大鱼老师】答：

如果不能让购房者看到二手房的价值，那么他会觉得自己买了就得亏本，在这种情况下是很难促成客户签单的。因此，在面对这类购房者时，房产经纪人还需要想办法让其看到对应二手房的价值。

房产经纪人可以通过一些方法展示二手房的价值，让购房者觉得它物有所值，甚至物超所值，具体如下。

❶ 通过优势进行引导。展示二手房各方面的优势，让购房者觉得这是一套值得购买的优质房源，从而提升购房者对该二手房的价值认同感。

❷ 通过已成交房源进行引导。将二手房与已成交且价格相对较高的同类二手房进行对比，让购房者更加清楚你推荐的二手房的优势。购房者了解到该二手房的众多优势之后，自然就会觉得该二手房物有所值了，而其购买意愿就会变得更强了。

❸ 通过其他人的出价进行引导。房产经纪人可以将其他人，特别是其他购房者的出价说出来，让购房者对于价格有一个明显的参照对象。如果其他人的出价比现在的价格高，购房者就会觉得这套二手房是值得购买的。

❹ 通过购房者的喜好进行引导。俗话说"千金难买心头好"，针对购房者的喜好进行沟通，多维度、多角度地挖掘这套房源的亮点，让购房者觉得这套房源特别符合他的需求。

例如，某位购房者特别喜欢A江景房，虽然B江景房的价格要便宜一些，但是江景稍差一些，那么房产经纪人要分析购房者为什么喜欢江景房，从多角度解说江景房的好处，投其所好。换言之，如果他购买了B江景房，花了钱却没有满意，岂不是更加可惜？

# 【情景实战066】
# 临时变卦，卖房者在成交前想要涨价

【小房同学】问：

大鱼老师，本来买卖双方基本上谈妥了，甚至购房者已经交了定金，准备明天签订合同，但是卖房者临时变卦，在今天晚上提出要涨价出售，这种情况应该如何处理呢？

【大鱼老师】答：

在这种情况下，购房者对于二手房的价格已经有了一个心理预期，要想让其用更高的价格进行购买是不太现实的。因此，房产经纪人最好以卖房者作为突破点，通过与卖房者沟通，打消其涨价的想法。

在大多数情况下，卖房者之所以在成交前想要涨价，主要是因为他觉得自己的房子还可以卖出更高的价格。对此，房产经纪人可以通过如下方法，让卖房者觉得他的房子不是那么好卖的。

❶ 通过购房者的态度施加压力。房产经纪人可以告诉卖房者，购房者本来就不太愿意接受原来的价格，是自己多次沟通之后，他才答应签单的。如果卖房者执意加价，那么购房者很可能会放弃购买。

例如，房产经纪人可以结合与购房者的沟通细节，表达出购房者对于之前的标价本来就是比较犹豫的，是因为自己"死缠烂打"，多次说好话，购房者才勉强答应签单的。如果有需要，房产经纪人还可以通过购房者的口吻，传达出再加价肯定不会购买的态度。

❷ 站在购房者的角度找问题。房产经纪人毕竟只是居间方，所以卖房者对房产经纪人的话可能会持半信半疑的态度。因此，房产经纪人可以转换角度，以购房者的口吻指出二手房存在的一些问题，让卖房者明白该二手房不像他想象

中的那么好卖。与此同时，房产经纪人还可以结合一些数据进行说明，让卖房者明白有的二手房挂上去很久，也没几个人想去看房，如果再加价，就更卖不出去了。

　　例如，购房者通常会在看房时指出二手房存在的一些问题，或者自己不满意的地方。房产经纪人可以将多位购房者在看房过程中提出的问题进行汇总，然后以购房者的口吻传达给卖房者。这样，卖房者就会觉得其二手房的问题比自己想象中的还要多，如果他真心想卖房，一般就不会有涨价的想法了。

　　❸ 站在卖房者的角度找问题。人的本性是在自信时优越感就会越足，而在自卑时往往就会降低期待值，所以要从卖房者的角度，想想他觉得房子有哪些问题，然后在沟通时只要多放大这些他自己认可的缺点，就能切中要害，让他做出让步。

　　例如，从卖房者的角度来看二手房的问题，如果他觉得房子的三个缺点是有漏水现象、楼屋低、物业差，那么房产经纪人可以紧扣这三个方面，放大后果的严重性和影响面，从宜居环境、舒适度等方面，说明购房者其实并不满意这套房子，以此来降低卖房者对这套房子的利好预期。

　　❹ 急卖房者之所急。作为房产经纪人，一定要弄清楚卖房者卖房的真实原因，是因为缺钱，还是想腾购房指标，然后紧扣他的痛点，放大如果他临时涨价后果的严重性。

　　例如，当了解到卖房者是因为缺钱才出售二手房时，房产经纪人可以列举该二手房的缺点，说明短期内房子可能卖不出去，他就无法快速回笼资金。沟通的核心就一点，紧扣卖房者的恐惧和焦虑，放大对他不利后果的严重性，让他着急和心慌，从而做出让步。

**读书笔记，自己的感悟与补充：**

_____

_____

_____

# 【情景实战067】
# 先不买了，购房者说自己身上的资金不够

【小房同学】问：

大鱼老师，本来谈得好好的，一说到要签单，购房者却说自己身上的资金不够，这该怎么办呢？

【大鱼老师】答：

虽然购房者透露出来的意思是暂时不买了，但是房产经纪人可以想办法提高其购买意愿，将其往签单的方向引导。

当购房者说自己身上的资金不够时，房产经纪人可以通过委婉的询问，了解购房者是用于购房的资金不够，还是这次身上的钱没带够，并根据购房者的回答制订对应的沟通策略，从而引导购房者签单。

如果是用于购房的资金不够，那么房产经纪人可以告知购房者，可以协助其办理贷款。除此之外，房产经纪人还可以根据购房者现有的资金，为其推荐其他价位合适的二手房。

如果购房者只是这次身上的钱没带够，那么房产经纪人可以通过一些方法将购房者往签单的方向引导，让其做好签单的准备，如图6-3所示。

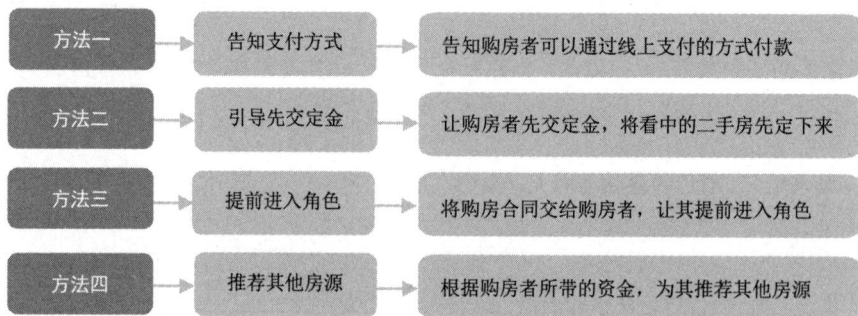

| 方法一 | 告知支付方式 | 告知购房者可以通过线上支付的方式付款 |
| --- | --- | --- |
| 方法二 | 引导先交定金 | 让购房者先交定金，将看中的二手房先定下来 |
| 方法三 | 提前进入角色 | 将购房合同交给购房者，让其提前进入角色 |
| 方法四 | 推荐其他房源 | 根据购房者所带的资金，为其推荐其他房源 |

图6-3 将购房者往签单的方向引导的方法

# 【情景实战068】
## 不交定金，客户一直说自己要考虑考虑

【小房同学】问：

大鱼老师，在带看时可以看出购房者对某套二手房是比较感兴趣的，但是购房者说要考虑考虑，不愿意交定金，这种情况应该怎么处理呢？

【大鱼老师】答：

对于房产经纪人来说，定金就是一种交易保障，交了定金的购房者大概率会完成二手房的购买。因此，引导客户交定金是提高签单率的一种有效手段。当购房者不愿意交定金时，房产经纪人要使出浑身解数，提高购房者的购买意愿，让其自愿交定金。

当购房者对某套二手房比较中意，却不愿意交定金时，房产经纪人需要重点做好两项工作：一是了解其不交定金的原因；二是提高其交定金的意愿。

### 1. 了解购房者不交定金的原因

如果购房者有购房需求，却不愿意交定金，那么房产经纪人可以通过沟通来了解其不愿意交定金的原因。通常来说，购房者不愿意交定金主要有四个方面的原因，如图6-4所示。

明白了购房者不交定金的原因之后，房产经纪人可以根据原因来制订策略，引导购房者交定金。例如，当购房者觉得定金的数额太大时，房产经纪人可以和卖房者进行沟通，降低定金的数额。

### 2. 提高购房者交定金的意愿

当购房者对交定金比较犹豫时，房产经纪人可以通过如下方法让其自愿交定金，从而提高客户的签单意愿。

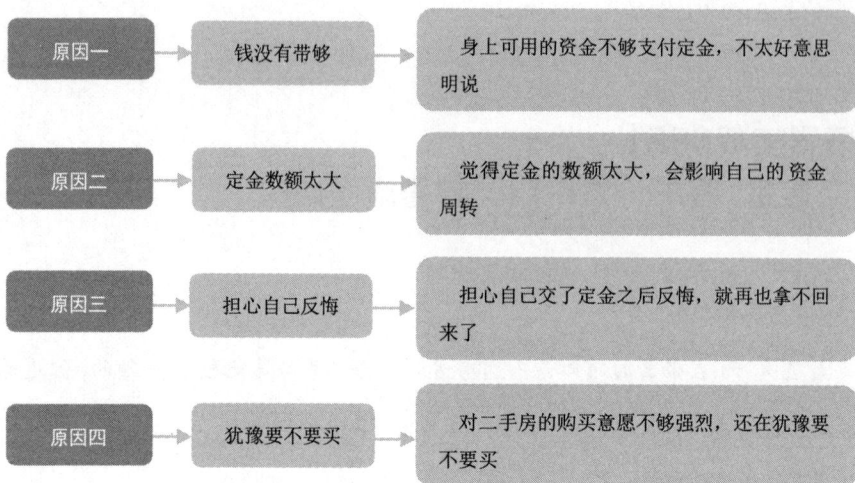

| 原因一 | 钱没有带够 | 身上可用的资金不够支付定金,不太好意思明说 |
| 原因二 | 定金数额太大 | 觉得定金的数额太大,会影响自己的资金周转 |
| 原因三 | 担心自己反悔 | 担心自己交了定金之后反悔,就再也拿不回来了 |
| 原因四 | 犹豫要不要买 | 对二手房的购买意愿不够强烈,还在犹豫要不要买 |

图6-4　购房者不愿意交定金的原因

❶ 向购房者说明交定金的重要性。交定金是购买诚意的一种体现,只有交了定金,才能说明购房者对二手房有较强的购买意愿。而且如果购房者没有交定金,那么卖房者会毫无顾虑地将二手房销售给其他有需求的购房者。

房产经纪人可以通过举例说明,让购房者自愿交定金。例如,房产经纪人可以告诉购房者,曾经有一位购房者因为有一些顾虑没有交定金,当晚回家之后,想了很久,还是决定购买该二手房,于是决定第二天先去交定金。第二天,当房产经纪人询问卖房者时,却被告知因为购房者没有交定金,已经与其他购房者签订了购房合同。

❷ 引导购房者先交定金。对于房产经纪人和卖房者来说,购房者交了定金,这笔交易才会比较有保障。因此,当购房者了解了交定金的重要性之后,房产经纪人还需要通过各种方法进行引导,让购房者先交了定金。

例如,某二手房经过买卖双方协商之后,将成交价定在100万元,卖房者要求购房者先交10万元的定金。此时,房产经纪人可以将100万元与10万元进行对比,让购房者觉得要交的定金并不是很多。除此之外,房产经纪人还可以向购房者传达这样一种观念:反正已经决定购买了,交定金只不过就是先付一部分资金,防止卖房者将房子卖给其他人而已。

# 【情景实战069】
# 做不了主，购房者要和家人商量后再决定

【小房同学】问：

大鱼老师，购房者在看房时对二手房比较满意，但是一说到要签单，购房者却说自己做不了主，要和家人商量后再决定。面对这种情况，您会怎么做呢？还有必要引导购房者签单吗？

【大鱼老师】答：

面对这种情况，房产经纪人可以先分析一下购房者是不是真的做不了主，然后有针对性地采取策略，引导购房者签单。无论何时，只要购房者有签单的可能，房产经纪人就应该把握机会，通过引导来增加购房者的签单意愿，而不能因为自己感觉购房者不太想买，就直接放弃与其沟通。

虽然购房者说自己做不了主，要和家人商量后再决定是否要购买二手房，但是房产经纪人不能完全相信。房产经纪人应该根据购房者的言行进行分析，判断他是真的做不了主，还是把做不了主当成托词，然后制订不同的沟通策略，引导购房者签单。

### 1. 真的作不了主

如果房产经纪人确定购房者是真的作不了主，那么可以给购房者说服家人购买二手房准备一些理由，如图6-5所示，让购房者的家人同意购买该二手房，从而有效地提高购房者的签单率。

例如，为了让购房者的家人更好地看到该二手房的优质配套资源，房产经纪人可以通过拍照片、视频的方式，将相关配套资源展示出来，让购房者的家人通过照片和视频获得直观的了解。

| 理由一 | 布局好 | 该二手房的设计布局好，刚好适合全家一起住 |
| 理由二 | 价格低 | 卖房者急需资金周转，该二手房的销售价格较低 |
| 理由三 | 配套全 | 该二手房的配套资源好，出行方便、环境优美 |
| 理由四 | 升值空间大 | 该二手房有较大的升值空间，买到就是赚到 |

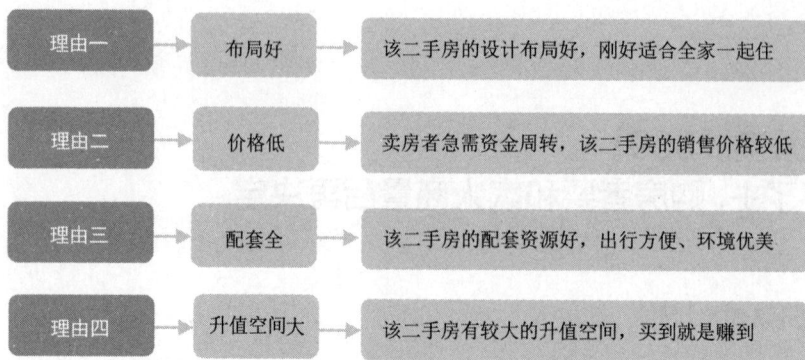

图6-5　给购房者说服家人购买二手房准备理由

### 2. 将做不了主当成托词

如果房产经纪人确定购房者并不是真的做不了主，而是把做不了主当成托词，那么可以通过沟通了解购房者为什么要找托词，并对症下药，帮其解决问题。如果购房者不愿意透露找托词的原因，那么房产经纪人可以结合二手房的相关信息进行说明，给出一些理由，增强购房者的购房意愿，具体方法如图6-6所示。

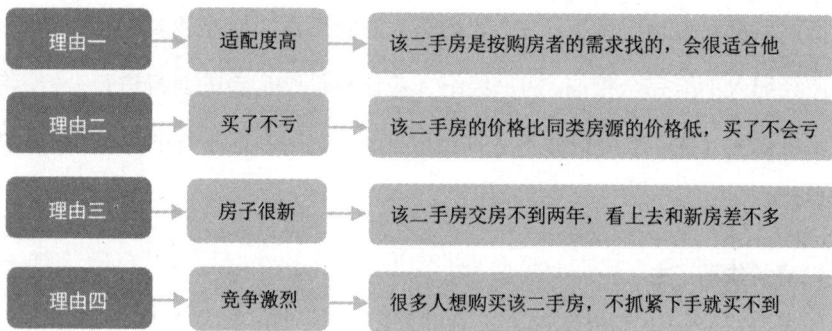

| 理由一 | 适配度高 | 该二手房是按购房者的需求找的，会很适合他 |
| 理由二 | 买了不亏 | 该二手房的价格比同类房源的价格低，买了不会亏 |
| 理由三 | 房子很新 | 该二手房交房不到两年，看上去和新房差不多 |
| 理由四 | 竞争激烈 | 很多人想购该二手房，不抓紧下手就买不到 |

图6-6　增强购房者购房意愿的理由

例如，房产经纪人可以从卖房者处获取房产证的附件或相关照片，然后将其展示出来，并将该二手房与同类价格相对较高的二手房进行对比，让购房者觉得你推荐的二手房不仅更新，而且价格更低。

# 【情景实战070】
## 很难谈拢，买卖双方给出的价格相差太多

【小房同学】问：

大鱼老师，有时候买卖双方给出的价格相差太多，感觉很难谈拢，面对这种情况应该怎么办呢？

【大鱼老师】答：

遇到买卖双方给出的价格相差太多的情况，房产经纪人可以从中调和，让双方适当做出一些让步。如果还是无法谈拢，那么房产经纪人可以为客户推荐其他的房源。

如果买卖双方给出的价格相差太多，感觉很难谈拢，那么房产经纪人可以通过如下方法引导客户签单。

❶ 从中调和。一般来说，二手房成交价的协商都是有一个过程的，买卖双方给出的价格会与成交价有一定的差距。房产经纪人可以对双方进行引导，拉近价格差距，增加客户签单的可能性。

根据过往的从业经验，一套房的成交必须有一个过程，好比生小孩必须经历十月怀胎一样，有一个从备孕、怀孕到分娩的过程，房子的成交也一样，双方有一个从了解、沟通磨合、彼此重新认识房子和房价，到最后双方让步的过程，有时候成交是急不来的，而是水到渠成的，也需要时间的力量来推动这个过程。

❷ 推荐其他房源。如果买卖双方给出的价格始终存在较大的差距，根本调和不了，那么房产经纪人可以为客户推荐其他标价相对较低的二手房，让客户能以预期的价格购买到合适的二手房。

例如，有一个客户，本来看中了富湾国际小区的A房，但A房的标价为480万元，卖房者可能只是挂出来探价的，或者遇到愿意接受这个价格的人才卖。换言之，卖房者并不急需用钱，而购房者的心理承受价格是450万元，于是我们给他推荐了其他房源，最后成交了一套400万元左右的房子。

这里给出的建议是：我们的目标是促进成交，哪套房源急售，最容易达成，我们就重点推荐哪套房源。

## 【情景实战071】
# 互不让步，买卖双方在价格上僵持不下

【小房同学】问：

大鱼老师，买卖双方给出的价格相差不是很大，但是双方互不让步，在价格上僵持不下，应该怎么办呢？

【大鱼老师】答：

当买卖双方在价格上僵持不下时，房产经纪人作为一个中间人，就需要发挥自己的力量，对双方进行引导，促成客户签单。

当买卖双方给出的价格相差不大，但是互不让步时，房产经纪人可以通过如下方法进行引导，促成客户签单。

❶ 主动进行引导，让双方各退一步。买卖双方都希望自己的利益得到保障，所以会在价格上僵持不下。但是，当买卖双方给出的价格相差不大时，房产经纪人只要通过语言进行引导，给买卖双方一个改价的台阶，说不定就能促成客户签单。

❷ 中间价是最佳良策，双方都有退有进。房产经纪人作为一个中间人，在提出建议时，买卖双方都会参考，而中间价对彼此来说既有退让也有进展，买卖双方很可能就会给个"面子"。

例如，某套房源，购房者只愿意出440万元，而卖房者开价460万元，久久僵持不下，这时候，房产经纪人提出以450万元成交，便是最好的解决办法。

❸ 结合需求强弱，有侧重地进行沟通。简单来说，就是看谁的需求更强烈，然后有所侧重地进行沟通。如果购房者的需求强烈，那就劝购房者多做一点儿让步；如果卖房者急需用钱，那就劝卖房者多做一点儿让步。

就上套房源而言，如果购房者不差钱，且对房源中意度高，需求强烈，就可以劝说其加到455万元左右。

# 【情景实战072】
# 选择困难，购房者不知道选哪套二手房

【小房同学】问：

大鱼老师，有的购房者有选择困难症，看了几套二手房之后，就不知道要选哪一套了，遇到这种情况应该怎么办呢？

【大鱼老师】答：

大多数购房者可能只需要购买一套房，因此房产经纪人要想办法帮购房者做出选择。

面对有选择困难症的购房者，房产经纪人可以通过一些方法帮其做出选择，从而快速促成客户签单，如图6-7所示。

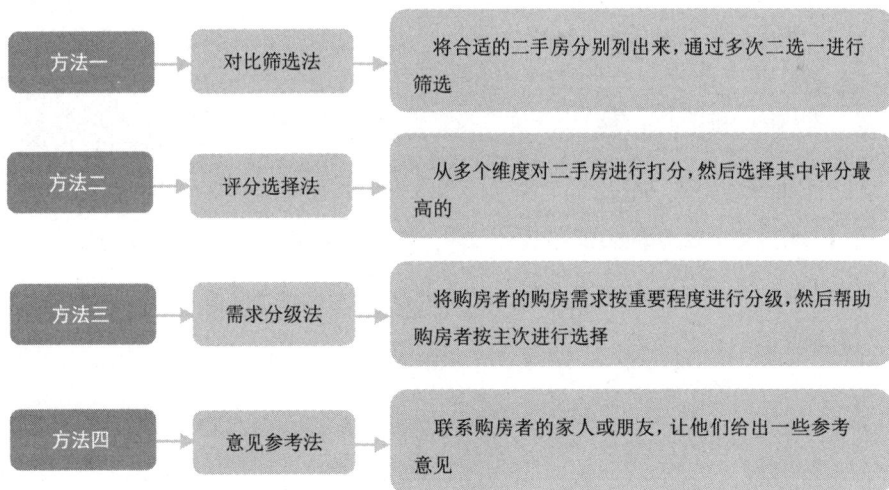

| 方法一 | 对比筛选法 | 将合适的二手房分别列出来，通过多次二选一进行筛选 |
| 方法二 | 评分选择法 | 从多个维度对二手房进行打分，然后选择其中评分最高的 |
| 方法三 | 需求分级法 | 将购房者的购房需求按重要程度进行分级，然后帮助购房者按主次进行选择 |
| 方法四 | 意见参考法 | 联系购房者的家人或朋友，让他们给出一些参考意见 |

图6-7　帮购房者快速选择二手房的方法

# 第7章

# 9个事项，
# 确保自己成功获得佣金

【小房同学】问：

大鱼老师，对于房产经纪人来说，应如何确保获得佣金，避免白忙活呢？

【大鱼老师】答：

在为买卖双方提供服务的过程中，房产经纪人要多注意与佣金相关的事项，并通过各种方式为销售佣金提供保障，这样才能避免做了很多事却拿不到佣金。

# 【情景实战073】
# 关于佣金，什么时候谈、怎么谈

【小房同学】问：

大鱼老师，在与客户谈佣金时，您认为要注意哪些事项呢？

【大鱼老师】答：

谈佣金要特别注意两点，即谈佣金的时机和方式。选择的时机和方式不同，最终的结果可能也会不同。

谈佣金的时机和方式，通俗地说，就是什么时候谈佣金和怎么谈佣金，下面进行详细讲解。

### 1. 什么时候谈佣金

选择合适的时机谈佣金，对于房产经纪人来说是非常关键的，如果选择的时机不当，自己可能就会变得非常被动。具体来说，谈佣金的常见时机主要有三个，如图7-1所示。

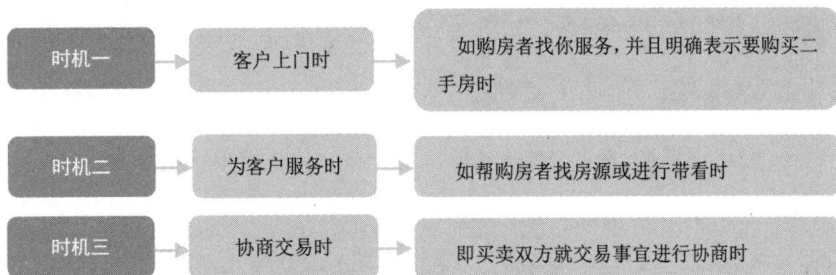

| 时机一 | → | 客户上门时 | → | 如购房者找你服务，并且明确表示要购买二手房时 |
| 时机二 | → | 为客户服务时 | → | 如帮购房者找房源或进行带看时 |
| 时机三 | → | 协商交易时 | → | 即买卖双方就交易事宜进行协商时 |

图7-1　谈佣金的常见时机

房产经纪人需要尽早选择时机谈好佣金，这样既可以避免自己处于被动地位，也可以让客户有一个心理准备。具体来说，房产经纪人最好选择图7-1中的前两个时机谈好佣金，错过了这两个时机，房产经纪人可能就没有多少话语权了，只能看客户愿意给多少佣金了。

**2. 怎么谈佣金**

在确定谈佣金的时机之后，房产经纪人还需要确定谈佣金的方式。那么，房产经纪人应该怎样和客户谈佣金呢？这就需要房产经纪人做好两项工作，即确定佣金的基本内容和掌握谈佣金的技巧。

确定佣金的基本内容，可以让客户快速了解佣金的基本信息，避免造成后期支付不便。具体来说，房产经纪人可以从四个方面确定佣金的基本内容，如图7-2所示。

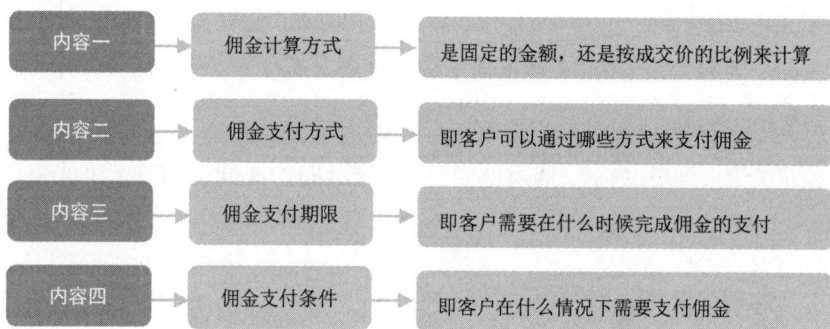

| | | |
|---|---|---|
| 内容一 | 佣金计算方式 | 是固定的金额，还是按成交价的比例来计算 |
| 内容二 | 佣金支付方式 | 即客户可以通过哪些方式来支付佣金 |
| 内容三 | 佣金支付期限 | 即客户需要在什么时候完成佣金的支付 |
| 内容四 | 佣金支付条件 | 即客户在什么情况下需要支付佣金 |

图7-2　确定佣金的基本内容

掌握谈佣金的技巧，可以提高客户支付佣金的意愿，给房产经纪人获得佣金提供保障。具体来说，在谈佣金时，房产经纪人需要掌握以下技巧。

❶ 体现自身价值。为客户讲解该佣金包含的服务范围，重点讲解客户担心的资金安全问题等。

例如，对于购房者，房产经纪人可以说，自己可以为他提供全程服务，直到让他购买到满意的二手房，才会按规定收取佣金。

❷ 签订相关合同。在谈妥佣金之后，签订相关合同，并要求客户在合同上签字，从而让佣金获得法律保障。

例如，在佣金上为了保障客户的利益，在合同上做出了"交易不成、佣金全退"的服务承诺，只要买卖的房子没有顺利过户到购房者名下，无论导致交易失败的原因是什么，只要合同关系终止了，买卖双方支付的佣金都需要无条件退还，这样能让客户感到放心。

## 【情景实战074】
## 试图砍价，购房者说佣金不打折就不买了

【小房同学】问：

大鱼老师，眼看着买卖双方就要签约了，购房者却要求佣金打折，否则就不买了，这该怎么办呢？

【大鱼老师】答：

当购房者砍价时，房产经纪人可以根据自身的实际情况做出反应，尽量让购房者愿意留下来继续通过你购买二手房。

很多人在日常生活中都喜欢讨价还价，即便看到房产经纪人一直在用心服务，也会在签约之前试图砍价，更有甚者会说："佣金不打折，这套房子我就不买了！"对于这些试图砍价的购房者，房产经纪人可以通过如下策略进行沟通。

❶ 让购房者接受原来的佣金。房产经纪人可以结合自身的服务过程进行说明，让购房者觉得自己一直在忙前忙后，这笔佣金是自己的劳动所得。

例如，房产经纪人可以对购房者说："您可以回忆一下，为了让您买到满意的房子，我带您看了多少套二手房、花了多少时间？我粗略统计了一下，一共看了30套不重复的房源，仅您中意的那套咱们就看了8次。"

❷ 适当给购房者打一些折。如果购房者一再坚持，要求必须打折，那么为了留住该购房者，房产经纪人也可以考虑适当打一些折。当然，佣金直接关乎自己的收益，所以即便决定要打折，房产经纪人也要控制折扣的力度，尽量用小幅度的折扣将购房者留下来。

例如，有的购房者可能一上来就希望把佣金打对折（5折），对此，房产经纪人可以先对购房者说佣金是按相关规定收取的，不能打折。听到房产经纪人的回应之后，购房者可能会对佣金的折扣进行调整，要求把佣金打6折。此时，房产经纪人可以适当调整

策略，表示自己对佣金的折扣没有太大的权限，最多只能给购房者打9折或9.5折。

❸ 让购房者进行换位思考。房产经纪人可以引导购房者进行换位思考，让购房者觉得这些佣金是你应得的。

例如，房产经纪人可以对购房者说："您可以换位思考一下，如果您用了差不多一个星期的时间帮别人找房，现在终于找到了合适的二手房，却不能拿到预期的佣金，您会怎么想呢？"听到房产经纪人这么说，购房者在进行换位思考之后就会感受到房产经纪人的不容易，这样一来，购房者可能就不好意思再要求佣金打折了。

❹ 直接拿合同来说事。如果事先跟购房者签订了佣金合同，那么房产经纪人可以直接对购房者说，佣金是在合同中约定好的，不能临时更改；如果还没跟购房者签订佣金合同，那么房产经纪人可以将合同中的相关条款展示出来，让购房者明白你是按规定收取佣金的。

例如，已经签订了佣金合同，有的购房者却试图砍价，要求佣金打折。此时，房产经纪人可以拿出佣金合同，并告知购房者在某个条款中已经对佣金的数额进行了规定，既然购房者签订了佣金合同，就应该有契约精神。当然，为了避免因为态度过于强硬而逼走购房者，房产经纪人也可以适当地说一些好话，引导购房者按照合同约定办事。

当然，在实际执行时，房产经纪人也可以同时使用多种方法，拒绝购房者的打折要求，或者尽量少打一些折。在此过程中只需把握一个核心要点，那就是想办法保障佣金收益。

优惠的退让策略：一是可以先否定，看看对方的态度是否强硬，如果他非常中意房源和性价比，就算你不让利他还是会买的；二是先让利10%，有些态度不坚定的客户其实就是想要一个优惠，并不是非要打对折不可，我们可以先紧后松，即先不给大的优惠，如果客户的态度非常强硬，那么我们再适当让利。

读书笔记，自己的感悟与补充：

_____

_____

## 【情景实战075】
## 不付佣金，卖房者希望能免佣金成交

【小房同学】问：

大鱼老师，有的卖房者希望能够免佣金，我们要怎样说服他呢？

【大鱼老师】答：

房产经纪人的主要收入来源就是佣金，如果卖房者不付佣金，那就等于白忙活了。因此，房产经纪人还得和客户进行沟通，让自己的佣金得到保障，即便迫不得已给客户打折，也不能完全不收佣金。

有的卖房者为了保障自身的权益，可能会提出免佣金的要求。很显然，对于这种要求，房产经纪人是不可能做到的。那么，当卖房者要求免佣金时，房产经纪人要怎么应对呢？对此，房产经纪人可以通过一些方法，拒绝卖房者的免佣金要求，如图7-3所示。

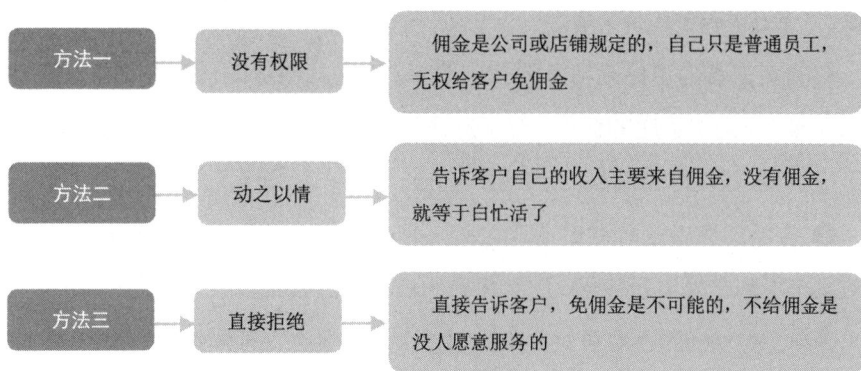

| 方法一 | → | 没有权限 | → | 佣金是公司或店铺规定的，自己只是普通员工，无权给客户免佣金 |
| 方法二 | → | 动之以情 | → | 告诉客户自己的收入主要来自佣金，没有佣金，就等于白忙活了 |
| 方法三 | → | 直接拒绝 | → | 直接告诉客户，免佣金是不可能的，不给佣金是没人愿意服务的 |

图7-3 拒绝客户免佣金要求的方法

根据实战经验，还有以下两种可供参考的方法。

❶ 换位思考法。引导卖房者思考，如果你是房产经纪人，手中有两套房源，一套有佣金，一套没有佣金，你会选择卖哪一套呢？付佣金的房源会不会卖得更

快呢?

❷ 下架后果法。对于一分钱也不愿意出的卖房者,房产经纪人可以委婉地告诉他,如果不出佣金,房产经纪人就没有推荐的必要,甚至可能会在系统中下架这套房源,那么他的房子别人看都看不到,更不用说卖了。当然,这是最后一步"险棋",如果他的房源确实好或性价比高,再上架的方法有很多,比如换一个房源维护人。

# 【情景实战076】
# 转移压力,卖房者要求购房者支付佣金

【小房同学】问:

大鱼老师,有的卖房者试图转移自己的压力,要求购房者支付佣金,也就是将二手房的估价加上我的佣金作为二手房的标价,这种情况应该如何处理呢?

【大鱼老师】答:

面对这种情况,房产经纪人应该向卖房者说明这样做的弊端,并对卖房者进行劝说,尽量让其调整定价策略。

有的卖房者为了提高自身的卖房收益,会将二手房的估价和需要支付的佣金加起来,作为二手房的标价。对于这样的卖房者,房产经纪人需要通过如下方法进行引导,让其自愿调整二手房的标价。

❶ 告诉卖房者这样做的不利之处。把这样做的不利之处都列出来,或者重点对某个不利之处进行讲解,让卖房者明白不能这么做。

例如,房产经纪人可以告知卖房者,这样做的标价会比同类房源的标价高一些,购房者在挑选房源时,可能会优先选择其他的二手房。这样一来,卖房者的二手房可能很难卖出去,如果急于用钱,卖房者就会变得很被动。

❷ 劝说卖房者不要这样做。通过多次沟通,表达自己的态度,让卖房者明白这样做对于二手房的出售是弊大于利的,劝说其调整定价策略,不要把二手房的标价定得太高。

# 【情景实战077】
# 分期付佣，客户要求签约只付一部分佣金

【小房同学】问：

大鱼老师，客户要求分期支付佣金，应该怎么办呢？

【大鱼老师】答：

房产经纪人可以直接说这一行都是一次性支付佣金的，让客户不好再提这种分期支付的建议。当然，如果客户坚持要分期支付，那么房产经纪人也可以根据自身的实际情况调整一下策略。

随着分期支付的兴起，当需要支付的金额比较大时，很多人都会习惯于分期支付。也正是因为如此，部分客户可能会提出分期支付佣金的想法。对此，房产经纪人可以通过如下策略与客户进行沟通。

❶ 没有这样的先例。房产经纪人可以告诉客户，在二手房交易行业中都是一次性支付佣金的，在自己的从业经历中没有分期支付佣金的先例，并表示只能按规矩办事，不能破例。

❷ 在佣金合同中写明。如果客户坚持分期支付佣金，房产经纪人也接受了这个建议，那么可以将分期支付佣金的相关事项写进佣金合同中，并要求客户签字，让自己的佣金收益得到保障。但有一个重要原则，就是前期支付得越多越好，后期留的尾款越少越好。

谈价的策略一定是先硬后软、先紧后松，一开始使用“拒绝法”，态度强硬一点儿，试探一下对方态度的强硬性，再根据情况决定是否松口，逐步让利。

# 【情景实战078】
# 客户跳单，买卖双方私下完成了交易

【小房同学】问：

大鱼老师，客户背着我跳单了，买卖双方私下完成了交易，我就只能这样白忙活了吗？

【大鱼老师】答：

遇到跳单的情况，房产经纪人还是要想办法拿回自己的佣金的，毕竟这与自身的收益直接相关。而且如果接连遇到跳单的情况，自身的工作积极性也会受到影响。当然，除了追回佣金，房产经纪人还需要进一步分析出现跳单的原因，并找到相应的对策，以减少跳单的出现。

客户跳单是所有房产经纪人都不愿意遇到的一种情况，因为如果没有处理好客户跳单，房产经纪人可能就拿不到应得的佣金。为了应对客户跳单，房产经纪人需要重点掌握两个方面的方法，即客户跳单的处理方法和防止客户跳单的方法，下面进行详细说明。

## 1. 客户跳单的处理方法

虽然客户跳单是所有房产经纪人都不想遇到的情况，但是有时候偏偏就遇到了。此时，房产经纪人就需要通过一些方法处理客户跳单，如图7-4所示，让客户愿意回来将佣金交给你。

以举例警示客户为例，很多地方都发生过客户跳单的情况，而且有的房产经纪人还将跳单的客户告到了法院。对此，房产经纪人可以从网上搜索客户跳单被法院认定为违约的新闻，将其转发给客户，并告诉客户，如果私下进行交易，那么自己将会寻求法律的保护。

## 2. 防止客户跳单的方法

既然客户跳单对自己不利，那么房产经纪人需要想办法防止出现客户跳单的情况。那么，如何防止客户跳单呢？房产经纪人需要掌握以下方法。

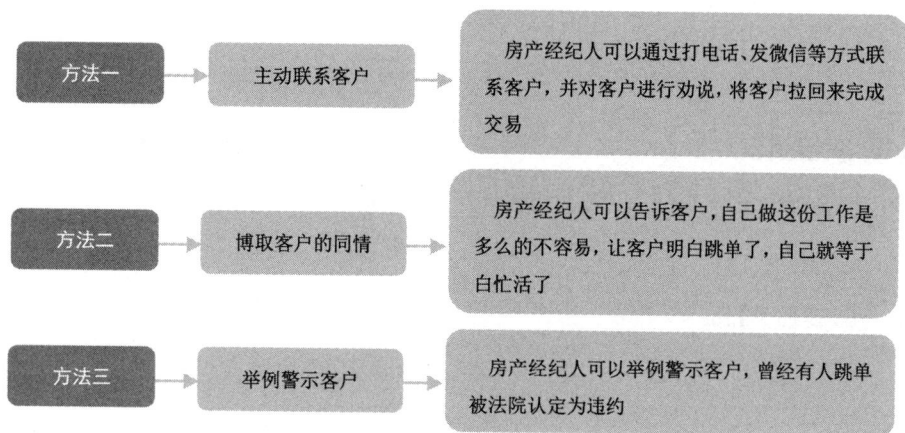

图7-4　处理客户跳单的方法

❶ 用心提供服务。房产经纪人从事的就是一种服务性质的工作，因此用心服务客户也是自身的工作要求。而且大多数人都是比较善良的，如果房产经纪人全程用心提供服务，那么客户一般也不太好意思跳单。

❷ 熟悉加人品了解。根据过往的经验，越是陌生人越容易跳单，因为不用顾及面子，而越是熟人越不好意思跳单，因为跳单的道德成本很高。因此，在与客户相处的过程中，房产经纪人要尽量多与客户进行沟通，让彼此熟悉起来。当然，在与客户接触的过程中，我们也要对他的人品有所了解，比如他是否守时、守信等。

❸ 签订相关合同。房产经纪人可以就自身提供的服务与客户签订相关合同，让自身的合法权益得到法律的保障。这样，即便最后出现了客户跳单，被迫对簿公堂，自己也能将合同作为有力的证据。

例如，房产经纪人在卖房者登记房源出售时，要求其签署《房屋委托出售协议》，并在协议中写明，自己带看的二手房，只能通过自己进行交易，并要求客户在合同上签字。这样一来，即便客户最后跳单了，房产经纪人也可以凭该合同维护自身的权益，拿到佣金。

❹ 避免买卖双方见面。为了避免买卖双方私自完成交易，房产经纪人可以尽量避免买卖双方见面，让买卖双方没有太多接触的机会。这样，即便买卖双方有跳单的想法，可能也做不到。

# 【情景实战079】
# 临时被换，客户为省钱更换房产经纪人

【小房同学】问：

大鱼老师，房都看好了，但客户为了省钱，临时换了其他的房产经纪人，我可能拿不到佣金了，这怎么办呀？

【大鱼老师】答：

这种情况在二手房交易过程中是比较常见的，部分客户为了省钱，可能会临时更换其他房产经纪人来买房。对于这种客户，房产经纪人可以进行一番劝说，让其改变主意；也可以从其他环节入手，避免出现客户中途更换房产经纪人的情况。

有的客户为了自身的利益，可能会在即将达成交易时更换房产经纪人。对于这样的客户，房产经纪人可以通过如下方法进行沟通。

❶ 耐心进行劝说。当了解到客户试图通过更换房产经纪人完成交易时，房产经纪人可以及时与客户进行沟通，并耐心进行劝说，让客户感受到你的合作诚意。

❷ 主动降低佣金。既然客户是为了节省费用才更换房产经纪人的，房产经纪人便可以与客户进行沟通，并在自己最大的权限范围内主动降低佣金，让客户觉得找你合作也是划得来的。

例如，房产经纪人可以对客户说："我知道您也是想省点钱，但是也希望您看在我用心为您服务的份儿上，不要更换其他房产经纪人交易。要不这样吧，我的佣金可以给您打9折，您觉得怎么样？"

❸ 寻求法律的帮助。如果客户享受了一段时间的服务，在即将达成交易时更换了房产经纪人，那么房产经纪人在劝说无效之后，可以告诉客户，自己会寻

求法律的帮助。

在后期发生这种情况时，挽回难度是很大的。因此，房产经纪人要在前期从时间、精力、专业、服务上，让客户感受到你的用心服务。还有一个关键是不能在服务上出现大的错误，否则对方说是你的问题，就"回天乏力"了。

房产经纪人一旦表现出自己的优秀，聪明的、有道德的客户一般不会也不敢轻易更换房产经纪人，因为他也会考虑后果。对于没有道德的客户，前期只能靠我们对其人品的判断，后期只能靠法律的帮助了。

# 【情景实战080】
# 交了定金，买卖双方在协商时却出了问题

【小房同学】问：

大鱼老师，购房者看中了某套二手房，并且已经交了定金，但是买卖双方在协商时出了问题，无法达成一致意见，怎么办呢？

【大鱼老师】答：

面对这种情况，房产经纪人需要从中调和，尽量让交易进行下去，毕竟交了定金就说明买卖双方都有交易的诚意，促成双方合作相对来说是比较容易的。

即便交了定金，可能仍旧无法顺利完成二手房的交易，因为买卖双方坐下来就相关事宜进行协商时，可能会因为意见不统一而发生争执，让交易陷入僵持。那么，在面对这种情况时，房产经纪人应如何进行沟通，让交易顺利进行下去呢？对此，房产经纪人需要掌握以下沟通技巧。

❶ 安抚双方的情绪。如果买卖双方在协商时发生了争执，甚至一方已经有点儿生气了，那么房产经纪人需要站出来维护协商的秩序，并安抚双方的情绪，只有这样，才能让协商顺利进行下去。

例如，由两个房产经纪人分别将买卖双方引到不同的空间，首先站在他的立场上，

认同他的观点,有时要解决事情,先要解决心情。等他心情平复、冷静了,再适当说说对方的合理性,也请他考虑一下,做出一点儿让步,毕竟双方坐下来的目的是达成交易,而不是来生气的。

❷ 帮忙解决问题。如果在协商过程中,因为某一方提出的问题没有得到解决,那么房产经纪人需要想办法帮忙解决,让买卖双方都放下心来进行交易。我们的最终目的是成交,遇到问题就要想办法解决问题,推动双方朝着成交这个目标前进。

例如,卖房者全家的户口都在这套房子上,他们希望房子卖出后再挂靠一年,等他们买了新房再将户口迁过去,而购房者坚决不同意,怎么办?于是房产经纪人便提出了一个中间方案,就是现在有些城市,卖房者是可以将户口挂在所在社区派出所的集体户口上的。方法总比困难多,关键是我们要有专业的知识储备,才能在遇到问题时迎刃而解。

读书笔记,自己的感悟与补充:

_____

_____

_____

_____

_____

实操心得,记下来让自己更上一层楼:

_____

_____

_____

_____

_____

# 【情景实战081】
# 萌生退意，购房者想找卖房者要回定金

【小房同学】问：

大鱼老师，有的购房者交了定金之后，却因为种种原因萌生退意，并且还想让我帮他找卖房者要回定金，这该怎么应对呢？

【大鱼老师】答：

通常来说，定金就是一种诚意金，交了之后可能不是很容易要回来的。因此，房产经纪人要事先给购房者打好预防针，劝说其尽量按照原来的协商意见完成交易；如果购房者确实决定不买了，那么房产经纪人也可以跟购房者说，自己尽力试一试。

购房者萌生退意，想将定金要回去，需要由购房者承担主要责任，卖房者很可能不会同意将定金退回去。对此，房产经纪人可以使用以下策略与购房者进行沟通。

❶ 引导购房者继续进行交易。房产经纪人应该告诉购房者，交了定金之后，一般是不能退回的，更不用说购房者单方面要求退回定金了，为了避免造成直接损失，最好还是继续进行交易。

例如，房产经纪人可以告知购房者，交定金本身就意味着承诺会买房，现在不买了，就是违背了承诺，在这种情况下，卖房者很可能不会同意退回定金。也就是说，这样做就等于让定金打水漂了。在意识到这一点之后，购房者为了维护自身的利益，可能就会同意继续进行交易。

❷ 事先给购房者打好预防针。房产经纪人可以事先告知购房者，因为是购房者要求退定金的，所以是购房者违反了彼此的约定，在这种情况下，很多卖房者可能不会同意退回定金。

159

例如，房产经纪人可以直接对购房者说："因为是您反悔了，所以卖房者大概率是不会同意退回定金的，这一点我需要事先跟您说好。如果经过多次沟通之后，卖房者还是不同意退回定金，那我也没办法了。"

❸ 了解购房者要求退定金的原因。很多购房者应该都知道，交了定金之后是很难要回来的，除非遇到特殊情况，大多数购房者可能都不会要求退定金。对此，房产经纪人可以与购房者进行沟通，了解其要求退定金的原因，为之后劝说卖房者退定金准备有说服力的理由。

在接受了购房者的退定金要求之后，房产经纪人需要及时与卖房者进行沟通，想办法让卖房者把定金退给购房者。具体来说，房产经纪人可以通过如下策略，劝说卖房者退定金。

❶ 向卖房者表达歉意。因为要回定金这件事是购房者违背了承诺，而房产经纪人此时也是购房者的沟通代表，所以，房产经纪人要代表购房者向卖房者表达歉意。如果卖房者因为购房者违背承诺有了情绪，那么房产经纪人还需要通过多次表达歉意来安抚卖房者的情绪。

❷ 告知退定金的原因。在与购房者沟通时，房产经纪人已经了解了其要求退定金的原因。因此，在与卖房者沟通时，房产经纪人可以直接将购房者要求退定金的原因说出来，如果购房者的原因比较有说服力，那么卖房者可能会同意退定金。

❸ 引导卖房者换位思考。房产经纪人可以通过语言进行引导，让卖房者站在购房者的角度进行思考。这样卖房者可能更能体会到购房者的不易，从而出于同情，将定金退还给购房者。

例如，房产经纪人可以对卖房者说："购房者也是迫不得已才提出退定金这个要求的，您可以换位思考一下，如果您是购房者，在急需用钱的时候却要不回定金，您会有什么样的感觉呢？"

因为签订了书面协议，上上之策还是找到购房者不愿购买的原因。如果购房者对房子或价格不满意，都可以与卖房者再次协商，力争让卖房者再做出一点让步，最终达成交易。

# 第8章

# 9个方面,
# 快速签订合同与办理手续

【小房同学】问:

大鱼老师,买卖双方达成合作意愿之后,接下来要做好哪些工作呢?

【大鱼老师】答:

买卖双方达成合作意愿之后,房产经纪人需要引导他们快速签订合同,并办理好相关手续,完成二手房的买卖。当然,在签订合同和办理相关手续时,房产经纪人还得特别注意某些方面的事项。

# 【情景实战082】
## 了解流程，办理好二手房交易的手续

【小房同学】问：

大鱼老师，二手房交易主要包括哪些流程？又该如何办理好相关手续呢？

【大鱼老师】答：

二手房交易的流程主要包括了解产权、缴纳定金、签订合同、办理按揭、产权过户和交房入住。房产经纪人需要根据二手房的交易流程及时办理好相关手续，确保交易的正常推进。

### 1. 了解产权

房产经纪人和购房者需要了解二手房的产权情况，确定二手房是否存在产权纠纷。另外，还需要查看二手房的相关证件和凭据，如房产证、购房发票和契税发票等，从而确认房屋产权的归属。

需要特别注意房产证上的署名，如果房产证上有两个人的署名，那么二手房交易需要这两个人都同意，并签订交易合同；如果产权登记人为已婚状态，那么二手房交易需要签署配偶同意出售声明，再由产权登记人签订交易合同。

### 2. 缴纳定金

了解了产权情况，并确认不存在产权纠纷之后，购房者需要先缴纳定金，给卖房者一个诚心要购买二手房的信号。通常来说，缴纳定金属于一种约定，购房者缴纳定金之后，卖房者不会将二手房卖给其他人。

需要特别注意的是，有的人觉得缴纳定金只是先表个态，如果交易没有完成，则可以退还定金；而有的人则认为定金就是承诺金，如果购房者想要单方面取消交易，那么卖房者可以不退定金。为了避免日后产生纠纷，买卖双方最好签订相关定金协议，对定金约定的相关保障及责任进行具体说明。

### 3. 签订合同

如果买卖双方确定要进行二手房交易，房产经纪人便可以组织买卖双方签订合同。具体来说，二手房交易合同可以由房产经纪人提供，或者登录当地房管局的官方网站自行下载。

### 4. 办理按揭

有的购房者经济水平可能比较有限，无法直接用自己的储蓄支付二手房的交易款项，此时房产经纪人便需要帮助购房者办理按揭，让购房者获得银行的贷款，从而保证交易资金的充足。

### 5. 产权过户

在办理好按揭或二手房购买款项支付完成之后，买卖双方便可以进行产权过户了。在过户时，买卖双方需要准备身份证、户口本、房屋所有权证原件和二手房交易合同等材料，前往当地产权登记中心进行过户并缴纳相关税费。在产权过户手续办理完成之后，二手房的产权登记人会发生变更，同时交易材料会被归档至发证部门，购房者需要到发证部门申领房屋所有权证。

### 6. 交房入住

产权过户手续办理完成之后，买卖双方便可以前往小区物业管理处等部门办理交接手续，如水、电等过户手续。房屋交接手续办理完成后，购房者便可以对二手房进行装修设计，并安心入住了。

需要特别说明的是，购房者入住之后，可能会遇到一些问题。此时，作为居间人的房产经纪人需要帮助购房者解决问题。如果自己无法帮忙解决，那么房产经纪人可能需要告知卖房者，获得卖房者的帮助。

例如，当遇到自己无法帮忙解决的问题时，房产经纪人可以对卖房者说："很冒昧地打扰到您，购房者入住之后遇到了一个问题，也就是……您看这个问题要怎么解决呢？"通常来说，只要房产经纪人有礼貌、有诚意，卖房者还是愿意给出解决方案的。

## 【情景实战083】
## 做好准备，免得工作不到位影响了签约

【小房同学】问：

大鱼老师，购房者已经交了定金，接下来只需要签约就可以完成交易了。这是我第一次准备签约，好紧张啊，怎么办？

【大鱼老师】答：

你之所以觉得紧张，主要是因为没有经历过，觉得心里没数。对此，你可以在签约之前先做好相关准备，让一切变得井然有序，避免因为自己的工作没有做到位而影响了签约。

签订二手房买卖合同并非儿戏，无论是买卖双方，还是作为居间人的房产经纪人，都要重视起来。为了确保签约的正常进行，房产经纪人需要在签约之前重点做好以下四个方面的准备。

### 1. 人员准备

所谓签订二手房买卖合同的人员准备，就是将相关人员都通知到位，确保签约时这些人都在场。具体来说，在签订二手房买卖合同时，以下几类人员通常要在场。

❶ 购房者。购房者是这场交易的主角之一，在通常情况下，在签订二手房买卖合同时，购房者必须在场，并且在合同中签署自己的名字。如遇购房者本人不能抵达现场的，则购房者需要提交一份委托证明。

❷ 产权人。产权人是这场交易的另一个主角，因此，在签订二手房买卖合同时，产权人也是应该在场的。

例如，有的房源登记出售人就是产权人本人，且产权是单独所有的，此时产权人本人到场签署即可（产权登记人的婚姻状况为已婚的，需其配偶到场或由配偶签署同意

出售声明，避免日后产生纠纷）。

还有一种特殊情况，产权登记人只是代持者，比如与我们沟通的人一直是弟弟，交易时弟弟说产权登记人是他的哥哥，那么这时候，哥哥是必须到场的，最好弟弟也提交一份同意出售的证明材料。

❸ 房产经纪人。房产经纪人是这场交易的居间人，需要及时对买卖双方进行引导，并准备相关的签约材料，在签订二手房买卖合同时也必须在场，最好多带一两名同事来帮忙。

❹ 其他相关人员。除了购房者、产权人和房产经纪人，其他的相关人员有时也会参与或见证二手房买卖合同的签订。

有一种特殊情况一定要提前沟通好，否则会影响最后的成交，就是有的购房者或卖房者因为临时有事来不了，委托他的家人或朋友签订二手房买卖合同，这是不被允许的，需要提醒对方先去办理相关权利授权的委托公证书。

### 2. 时间准备

所谓签订二手房买卖合同的时间准备，即确定合同签订开始的时间和持续的时间，确保买卖双方都有时间来完成合同的签订。

❶ 开始的时间。即确定签订二手房买卖合同是哪一天的什么时刻，这个时间最好定为某一天的整点时刻。

有经验的房产经纪人还会提前告知客户，哪里停车比较方便，哪里可能会存在堵车情况，需要提前15分钟出发。

❷ 持续的时间。即房产经纪人根据自身的经验，确定合同签订的大体持续时间，并将其告知买卖双方，让他们腾出时间来进行签约。

例如，房产经纪人可以告知客户："那我们就约定在明天16:00签约，签约过程可能会持续两小时左右，麻烦您到时准备充足的时间来参与签约。"

### 3. 地点准备

所谓签订二手房买卖合同的地点准备，即确定在哪个地方签订合同。通常来说，这应该是一个买卖双方都知道，并且都能够快速到达的地方。一般是在房产经纪人的总店或专门的签约店。

### 4. 物件准备

所谓签订二手房买卖合同的物件准备，即准备好这场签约过程中需要用到的物件。通常来说，签约时需要用到三类物件，如图8-1所示。

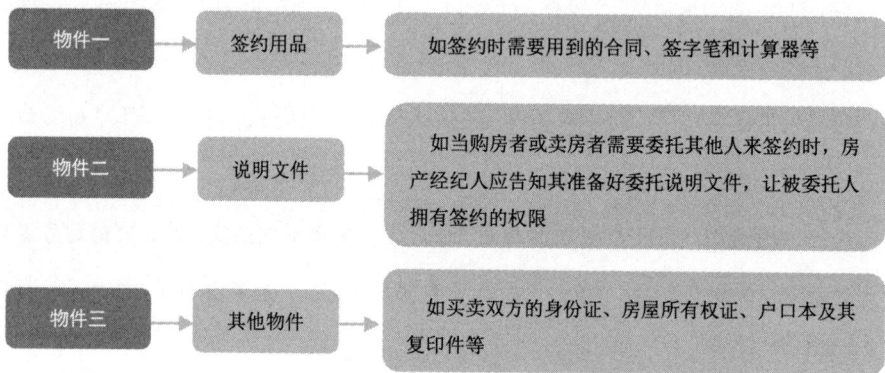

图8-1　签约要准备的物件

根据多年的从业经验，不到买卖双方都签字的那一刻，中间的变数依然很多。对于没有车的客户，或者做事有些松散、拖沓的客户，房产经纪人最好接他一块去签约，这样在时间、地点、程序上都能尽量减少出现变数，为顺利成交规避一些不利因素。

例如，有个别客户在半路上反悔了，中途掉头不来了，而房产经纪人和另一方一直在签约地点等待。如果房产经纪人一开始就去接他，同车同路，那么遇到这种突发情况，也可以第一时间做出反应，从而减少变数的发生。

读书笔记，自己的感悟与补充：

_____

_____

_____

# 【情景实战084】
# 避免纠纷，掌握二手房买卖合同签订的要点

【小房同学】问：

大鱼老师，在二手房买卖过程中，如果某些事情没有做好，买卖双方可能就会出现纠纷。那么，有没有什么方法可以避免买卖双方出现纠纷呢？

【大鱼老师】答：

签订二手房买卖合同有一些要点，房产经纪人只需掌握这些要点，并及时对买卖双方进行相关说明和提示，便可以让二手房买卖变得更有保障，从而避免买卖双方出现纠纷。

签订二手房买卖合同并非只是在合同上签一个字，其中还包含了许多需要特别关注的要点。下面对二手房买卖合同签订的五个要点进行简要说明。

## 1. 验证相关信息

在签订二手房买卖合同的过程中，房产经纪人和买卖双方有必要验证相关信息来确保信息的真实、有效，这样可以让签订的合同更有保障。具体来说，在签订二手房买卖合同时，需要验证三个方面的信息，如图8-2所示。

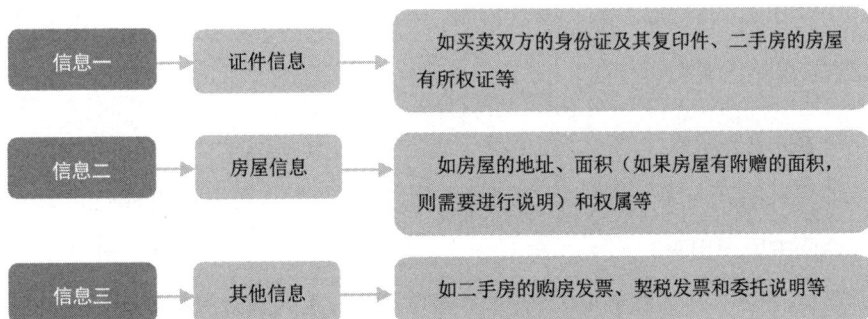

| 信息一 | → 证件信息 → | 如买卖双方的身份证及其复印件、二手房的房屋有所权证等 |
| --- | --- | --- |
| 信息二 | → 房屋信息 → | 如房屋的地址、面积（如果房屋有附赠的面积，则需要进行说明）和权属等 |
| 信息三 | → 其他信息 → | 如二手房的购房发票、契税发票和委托说明等 |

图8-2　签订二手房买卖合同需要验证的信息

例如，有些房屋所有权证上写的是505房，结果现房是507房，这就需要去核实产权地址与物业地址不统一的原因，以及产权人所说的情况是否属实。

### 2. 约定相关款项

二手房买卖的款项主要包含购房款项和交易税费。对于购房款项，买卖双方需要约定购房的总款项、首付款、尾款、付款方式和条件等；对于交易税费，买卖双方可以约定各自需要承担的部分。

具体来说，购房者需要单独承担的税费主要包括契税和土地出让金；卖房者需要单独承担的税费主要包括营业税和个人所得税。如果是商业性质的二手房，那么买卖双方还需要共同承担印花税。

例如，因为交易政策时常会发生变化，房产经纪人预算的交易费用可能与实际交易费用有出入，这就需要房产经纪人给双方提前打好预防针，根据国家政策以实际打印出来的税费为准，以免因为预算的与实际的交易费用不一致，被买卖双方责怪而不付或克扣中介费用。

### 3. 确定交房细节

通常来说，买卖双方需要在签订二手房买卖合同之后，确定交房的相关细节，包括交房时间（具体到哪一天的几点）和费用结算（如物业费、电费、水费、燃气费等）。

### 4. 写明违约责任

为了避免因一方无故取消交易，造成另一方蒙受损失，买卖双方需要对违约责任进行协商，并以书面形式进行写明。这样即便后期出了问题，也可以据此划分责任，避免出现纠纷。

### 5. 善用补充条款

如果买卖双方有需要特别说明的事项，房产经纪人可以通过补充条款的方式在合同中呈现出来。

例如，房产经纪人在制作二手房买卖合同的过程中，可以对买卖双方说："大家还有没有需要特别说明的事项？如果有，请及时说出来，我们可以通过补充条款的方式呈现在合同中。"

# 【情景实战085】
# 一方缺席，约好了却临时找理由不来

【小房同学】问：

大鱼老师，明明约好了要签约，结果一方却临时找理由不来了，这种情况应该怎么处理呢？

【大鱼老师】答：

像这种已经约好了，一方却缺席的情况，房产经纪人作为居间人，必须尽量维持买卖双方的关系，让签约有序进行下去。

当签约时间快到了，其中一方却临时找理由不来时，房产经纪人可以通过如下策略，与买卖双方进行沟通。

❶ 引导缺席的一方参与签约。与缺席的一方联系，表示另一方已经做好了签约的准备，这个时候说不来了会影响之后的签约。另外，如果是客观原因导致一方确实来不了，那么房产经纪人还可以让缺席的一方委托其他人参与签约。

例如，房产经纪人可以对缺席的一方说："对方（另一方）是特意腾出时间来签约的，如果您今天不来，那么之后他可能没有心思再签约了。您是有什么原因过不来吗？能不能写一份委托说明，让家人帮您来签约呢？"

❷ 安抚守约一方的情绪。如果确认签约只能改天进行，那么房产经纪人需要与守约一方及时进行沟通，并表示签约需要改天进行，同时对其表示歉意；如果确认签约时间要推迟，那么房产经纪人需要提前告知守约一方，让其晚一点再过来，以免等得太久，并为签约无法如期进行表示歉意。

房产经纪人都明白，在二手房买卖过程中，什么情况都可能发生，说好了成交的最后成交不了，看似没希望成交的最后却成交了，期间你能想到的和不能想到的问题层出不穷。作为房产经纪人，真的需要一颗强大的内心来应对这些千变万化，关键还要"笑看风云"，收拾好心情，以积极、乐观的态度，解决各种问题，闯过层层关卡，奔向成交的目标。

# 【情景实战086】
# 外力阻挠，让卖房者觉得自己吃亏了

【小房同学】问：

大鱼老师，因为受其他人的影响，卖房者觉得以现在的价格出售二手房吃亏了，此时应该怎么与卖房者沟通呢？

【大鱼老师】答：

既然卖房者觉得自己吃亏了，那么房产经纪人可以对症下药，只要让卖房者明白他没有吃亏，那么问题就迎刃而解了。

如果确定是因为卖房者受到外力的阻挠，觉得自己吃亏了，想要取消签约或调整出售价格，那么房产经纪人需要重点做好以下两个方面的工作。

## 1. 找出外力的主要来源

既然卖房者是受到外力的影响之后觉得自己吃亏了，那么房产经纪人需要及时与卖房者进行沟通，了解外力的主要来源，这样才能"对症下药"，说服卖房者按原来约定的价格进行签约。

例如，房产经纪人可以询问卖房者："您为什么突然改变了想法？是不是有什么顾虑呢？"卖房者可能会说："某某某告诉我，现在这个价格太低了……"听到卖房者的回答之后，房产经纪人就可以快速判断出这个阻挠签约的外力来自卖房者口中的"某某某"。

在确定外力的主要来源之后，房产经纪人便可以根据该外力来制订沟通策略，说服卖房者按约定签约，具体如下。

❶ 卖房者的亲戚朋友。卖房者的亲戚朋友可能不太了解行情，他们可能觉得现在需要购买二手房的人群比较多，可以卖出更高的价格，于是随口说了一句

"价格定低了"。对此，房产经纪人可以告诉卖房者，这些人是好心，但是他们不了解行情，所以主观地认为价格定低了。

例如，当外力阻挠来自卖房者的朋友时，房产经纪人可以对卖房者说："您这位朋友的出发点可能是好的，他也希望您的房子能卖出更高的价格。但是，他可能对二手房的市场行情不是很了解，所以主观地说出了一个较高的价格。而事实是，如果按照他给的价格来出售，可能没有多少人愿意来询问这套房子。"

❷ 其他房产经纪人。有的房产经纪人看到房源信息之后，可能会尝试与卖房者取得联系，在了解到即将签约时，为了阻挠签约，这些房产经纪人可能会说自己能卖出更高的价格之类的话。对此，房产经纪人可以告诉卖房者，现在的价格是比较合理的，那些房产经纪人只是为了阻挠交易，才说可以卖出更高的价格。

例如，劝说卖房者，让其他房产经纪人带真实买房且愿意出高价的客户与自己当面沟通，看看其他房产经纪人是否有真实购买这套房子的客户，以免自己被其他房产经纪人拖着，不仅耽误了时间，关键是错失了这个真正想买的客户，最后遭受损失的是卖房者自己。

❸ 卖房者接触的信息。有时候卖房者在网上看到某套二手房的出售价格比起自己约定的价格要高一些，就觉得以现在的价格将二手房卖出去有些吃亏了。对此，房产经纪人可以从成交时间、所在区域和房源质量等方面进行对比，让购房者意识到不同的二手房，其成交价格也会有所差异。

### 2. 让卖房者觉得自己没吃亏

因为卖房者受到了外力的阻挠，觉得按约定的价格出售二手房自己就吃亏了，所以房产经纪人只要想办法让卖房者觉得自己并没有吃亏，卖房者可能就会愿意按约定的价格签约了。具体来说，房产经纪人可以通过如下方法，让卖房者觉得按约定的价格成交，自己并没有吃亏，如图8-3所示。

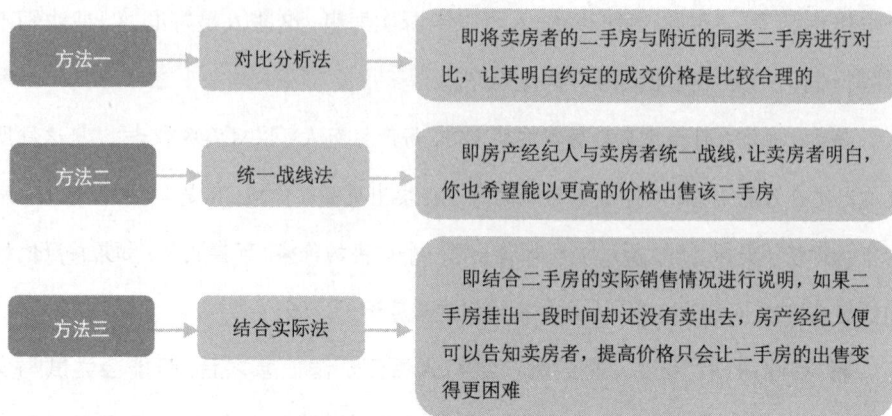

图8-3　让卖房者觉得自己没吃亏的方法

例如，房产经纪人可以从不利后果的角度来进行劝说，具体如下。

❶　时间角度。这套房源在系统中已经挂了一年了，好不容易有人看中了，如果再提价，这个客户一旦不买了，那么这套房源可能还会挂上一年甚至更久。

❷　价格角度。目前购房者给出的价格还不错，这也是对方能够承受的预算，如果现在不卖，那么下一个客户的预算可能还没有这个客户的预算高。

❸　客户角度。现在房产市场低迷，看房的客户都很少，更不用说真实的购房客户了。一旦错过这个客户，下一个客户还不知道在哪里呢？

❹　成本角度。为了卖掉这套房，您也花费了不少时间和精力，如果此时不成交，到时您又要花时间与新的客户沟通，有时还需要多次沟通，这样您会很累。

❺　还款角度。房子早点卖出去，您的贷款月供和利息也就不用还了，这一年省下来的利息也有好几万元，关键是您的资金"落袋为安"了。

❻　收益角度。如果对方没有贷款月供，那么这笔几百万元的资金存入银行，也会有不少的利息。

❼　取现角度。关键是钱放在银行里取出来，比卖房要轻松多了，想要用钱时直接取出来就行了，而卖房需要较长时间，短则数月，长则数年。

# 【情景实战087】
# 过不了户，购房者没有购房资格

【小房同学】问：

大鱼老师，买卖双方已经签约了，但是过户时才发现购房者竟然没有购房资格，遇到这种情况应该怎么办呢？

【大鱼老师】答：

很显然，没有购房资格是无法完成过户的。但是，即便购房者没有购房资格，房产经纪人也应该争取促成这笔交易。

了解到购房者没有购房资格，因而无法完成二手房过户之后，房产经纪人可以通过如下方法与买卖双方进行沟通，争取促成这笔交易。

❶ 帮助购房者获得购房资格。因为购房者没有购房资格，所以即便买卖双方签订了合同，购房者也不能将二手房转移到自己的名下，这样对于购房者来说，显然是没有保障的。因此，房产经纪人需要了解购房者无法获得购房资格的原因，并想办法尽快让购房者获得购房资格，只有这样，才能顺利完成二手房的交易。

❷ 签订过户的补充协议。可能购房者获得购房资格需要一段较长的时间，卖房者不可能一直在那里等候。因此，如果买卖双方的需求都比较强烈，那么房产经纪人可以组织买卖双方签订过户的补充协议，规定购房者在一定期限内获得购房资格之后，卖房者需要配合购房者进行过户，而购房者则需要在签订协议时，先将购买二手房的相关款项汇给卖房者。

# 【情景实战088】
## 已经签约，但是购房者的贷款申请被拒

【小房同学】问：

大鱼老师，买卖双方已经签约了，但是购房者的贷款申请被拒，这种情况要如何处理呢？

【大鱼老师】答：

面对这种情况，房产经纪人需要了解购房者的贷款申请被拒的原因，尽量帮购房者争取到贷款。如果实在争取不到，买卖双方再协商取消二手房买卖的相关事宜也不迟。

很多购房者的资金可能比较有限，需要依靠银行贷款来购买二手房，如果银行拒绝贷款，他们很可能就无法购买。面对这种已经签约，但是购房者的贷款申请被拒的情况，房产经纪人可以通过如下策略进行处理。

❶ 帮购房者争取银行贷款。房产经纪人需要先了解银行拒绝给购房者贷款的原因，然后找到解决方案，尽快帮购房者争取到银行贷款。只要银行通过购房者的贷款申请，二手房买卖就可以正常进行下去。

❷ 协商取消二手房买卖的相关事宜。如果购房者无法在短期内获得银行贷款，卖房者又急需用钱，那么房产经纪人需要组织买卖双方免责取消二手房买卖的相关事宜。俗话说得好，"买卖不成仁义在"，即便这一单没有做成，房产经纪人也要维护好买卖双方的关系，避免发生冲突。

读书笔记，自己的感悟与补充：

_____

_____

_____

## 【情景实战089】
## 签约问题，客户看到某项条款时犹豫了

【小房同学】问：

大鱼老师，客户看房之后很满意，但是签约时看到某项条款却犹豫了，您遇到过这种情况吗？应该怎么处理呢？

【大鱼老师】答：

我也遇到过这种情况，有时候客户对某项条款的具体内容不太理解，所以会表现得有些犹豫。此时，房产经纪人可以对该条款的内容进行详细说明，打消客户的疑虑，让其放心地签约。

签约是买卖二手房的关键一步，完成签约就相当于买卖二手房成功了。因此，如果客户在签约时看到某项条款犹豫了，那么房产经纪人一定要及时进行沟通，让客户放下心来。具体来说，当客户看到某项条款犹豫时，房产经纪人需要做好以下工作。

❶ 对某项条款进行详细解读。有些条款中可能会包含一些专业术语，房产经纪人需要为客户详细解读某项条款，确保客户能完全理解这项条款的内容。

❷ 进行扬长避短式说明。找到条款中对客户有利的一面进行重点说明，让其明白这项条款对他来说是利大于弊的。

❸ 让客户明白条款的重要性。房产经纪人可以引导客户进行换位思考，让其理解条款的相关规定对于买卖双方都是一个保障。

❹ 耐心解答客户的疑虑。当客户看到某项条款时，可能会产生一些疑虑，房产经纪人需要凭借自身的专业知识，耐心解答客户的疑虑。

# 【情景实战090】
# 产权过户，帮助购房者快速拿到房屋所有权证

【小房同学】问：

大鱼老师，对于购房者来说，拿到房屋所有权证会安心很多。那么，有没有什么方法可以帮助购房者快速拿到房屋所有权证呢？

【大鱼老师】答：

很多购房者对于二手房产权过户的相关事项不太了解，如果由他们自己去做，那么耗费的时间可能会比较长。对此，房产经纪人可以全程陪同和引导，用自己的经验帮助购房者节省拿证的时间。

通常来说，购房者要拿到房屋所有权证，需要经历四个步骤，如图8-4所示。房产经纪人可以将这些步骤及需要做的事情告知购房者，让办证变得更加有的放矢。

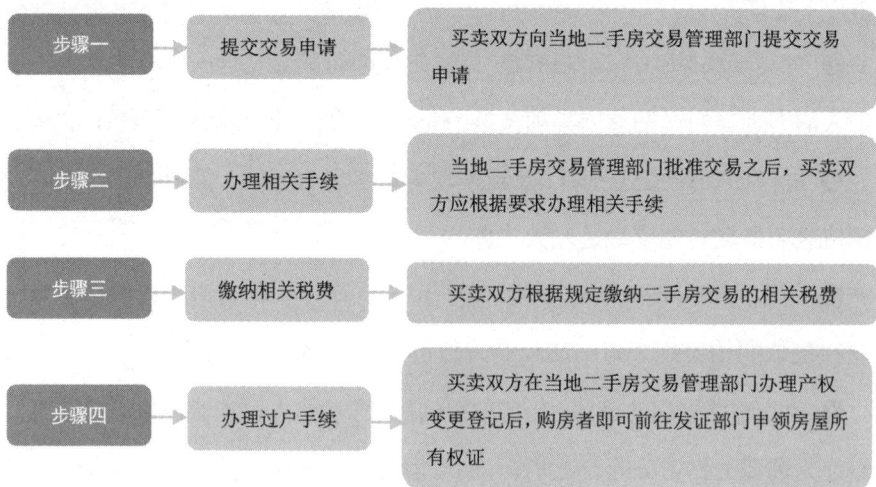

| 步骤一 | 提交交易申请 | 买卖双方向当地二手房交易管理部门提交交易申请 |
| 步骤二 | 办理相关手续 | 当地二手房交易管理部门批准交易之后，买卖双方应根据要求办理相关手续 |
| 步骤三 | 缴纳相关税费 | 买卖双方根据规定缴纳二手房交易的相关税费 |
| 步骤四 | 办理过户手续 | 买卖双方在当地二手房交易管理部门办理产权变更登记后，购房者即可前往发证部门申领房屋所有权证 |

图8-4　购房者拿到房屋所有权证的步骤

第9章

# 7个要点，
# 做好客户的后续管理工作

【小房同学】问：

大鱼老师，买卖双方完成交易之后，是不是就不用再去管理了呢？

【大鱼老师】答：

当然不是，既然客户是通过你买卖二手房的，那么你就需要为其提供全程服务，即便交易完成了，你也需要做好客户的后续管理工作。

销售的最高境界是销售你自己。有时一个阶段服务的结束其实是下一笔生意的开始，只有做好服务，他们或他们的熟人再买卖二手房时，才会想到你。

# 【情景实战091】
# 买得贵了，购房者签完合同之后想反悔

【小房同学】问：

大鱼老师，有的购房者在签完合同之后觉得自己买贵了，想反悔，面对这种情况应该怎么办呢？

【大鱼老师】答：

通常来说，在签完合同之后，一切基本上成了定数。如果此时购房者想反悔，则需要承担违约责任，这不但不能让卖房者降低二手房的出售价格，还会给购房者造成一定的损失。

不管是购房者，还是卖房者，都希望能以相对合适的价格达成二手房交易。因此，当买卖双方觉得价格不合理时，即便已经签完了合同，可能也会想要反悔。通常来说，面对签约后想要反悔的购房者，房产经纪人可以通过如下方法进行劝说，打消其反悔的念头。

## 1. 证明购房者没有买贵

对于觉得买贵了的购房者，房产经纪人可以通过一些方法证明他没有买贵，从而让其打消反悔的念头，如图9-1所示。

例如，房产经纪人可以将自己手中的房源全部展示在购房者面前，并通过将同类房源与该二手房进行对比，让购房者明白，如果没有买到这套二手房，就需要花更多的钱购买同类房源或更差的房源。

## 2. 强调反悔可能造成的损失

如果反悔不需要付出任何代价，那么购房者一有不满意的地方，可能就会反悔，从而拒绝继续交易；反之，如果反悔需要付出较大的代价，那么购房者就会认真思考，是不是必须反悔。

| 方法一 | → | 对比证明法 | → | 将二手房的价格与已成交的同类房源的价格进行对比，让购房者看到该二手房的价格优势 |
| 方法二 | → | 假设说明法 | → | 假设购房者没有买到这套二手房，再去挑选合适的二手房，然后进行比价 |
| 方法三 | → | 引导回忆法 | → | 引导购房者回忆和卖房者协商价格的过程，让购房者明白这个价格是好不容易争取来的 |
| 方法四 | → | 投其所好法 | → | 从购房者喜欢的这套房源的亮点入手进行劝说，俗话说"千金难买心头好"，仅此一家最适合他 |

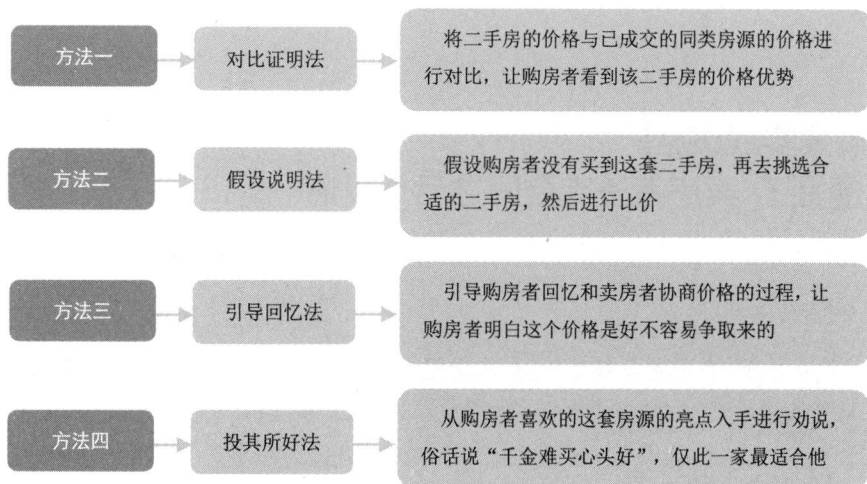

图9-1　证明购房者没有买贵的方法

对此，房产经纪人可以在沟通过程中强调反悔可能造成的损失，让购房者明白此时反悔需要付出的代价太大了，最直接的损失是缴纳的定金无法退回，其次是要按照合同约定做出相关赔偿。

例如，房产经纪人可以告知购房者，损失不仅包括定金，还包括以下几个方面。

❶ 时间上的损失。这套房是您看了几个月，从几十套房子里面筛选出来的，如果您现在不买了，又要重新花几个月时间看几十套房，与卖房者进行多轮沟通，从时间成本上来说是不是不合算？关键还要再辛苦一场，还不一定有比现在更好的结果。

❷ 价格上的损失。如果您觉得这套房子买贵了，那您怎么会知道下套房子不会又买贵了？特别是您不熟悉的小区和房子，到时签了约，难道又要违约？

❸ 其他方面的损失。房子没有买好，需要先租房子住，从而增加了支出。

读书笔记，自己的感悟与补充：

_____

_____

_____

_____

# 【情景实战092】
# 卖便宜了，卖房者签完合同之后想反悔

【小房同学】问：

大鱼老师，在签完合同之后，卖房者觉得自己的二手房卖便宜了，想要反悔，我该如何处理呢？

【大鱼老师】答：

无论是购房者还是卖房者，在签订二手房买卖合同之后，想要反悔，就必须承担对应的违约责任，房产经纪人需要将这一点告知卖房者。卖房者在了解到事情的严重性之后，可能就不会反悔了。

当卖房者觉得自己的二手房卖便宜了，想要反悔时，房产经纪人可以通过如下沟通策略，让卖房者明白履行合同是一种明智的选择。

❶ 价格是合理的。房产经纪人可以通过将合同中约定的价格与同类二手房的成交价格进行对比，让卖房者明白这个价格是合理的，甚至是高于行业水平的。这样，卖房者就会觉得约定的价格并不便宜，也就更愿意依据合同完成交易了。

❷ 违约需要赔偿。因为卖房者反悔会给购房者造成损失，所以需要根据违约情况对购房者进行赔偿。如果赔偿的数额比较大，卖房者就会觉得反悔是得不偿失的，自然就会打消反悔的念头。

❸ 利益是一致的。房产经纪人可以告诉卖房者，你们的利益是一致的，二手房的出售价格越高，你获得的佣金就越多，所以你也希望二手房卖出更高的价格。但是，二手房买卖合同上的价格是买卖双方协商之后的结果，如果换一位购房者，可能很难再获得这么高的成交价。

# 【情景实战093】
# 协助交房，陪同购房者全面验收二手房

【小房同学】问：

大鱼老师，过几天买卖双方就要交房了，那么，在交房时我需要做些什么呢？

【大鱼老师】答：

交房是二手房交易中的重要一环，房产经纪人需要对交房的相关事项引起足够的重视，因为如果交房工作没有做好，那么买卖双方后续发生纠纷的可能性就会比较大。通常来说，房产经纪人应该陪同购房者验收二手房，避免交房之后出现不必要的纠纷。

通常来说，房产经纪人需要从以下六个方面进行协助，让购房者全面完成二手房的验收。

## 1. 查验相关设施

在有的二手房买卖合同中，明确将房屋内的相关设施计算在购房款中。也就是说，在完成交易之后，购房者可以获得这些设施的所有权。对于这种情况，卖房者需要向购房者介绍这些设施，并展示这些设施的使用情况。这样可以避免在交房之后，购房者才发现有的设施用不了，与卖房者产生纠纷。

## 2. 了解费用情况

房产经纪人需要陪同购房者前往相关部门，查看卖房者居住期间的各项费用（如物业费、电费、水费和燃气费等）是否结清。如果存在费用尚未结清的情况，那么房产经纪人需要及时联系卖房者，引导其结清费用。

例如，当了解到物业费尚未结清时，房产经纪人可以对卖房者说："购房者了解到您的物业费还没有结清，让我跟您说一声。您应该是事情比较多，忘记交了吧。还请您抓紧时间交一下，我也好给购房者一个交代。"

### 3. 检查房屋证件

有的购房者在收房之后，由于种种原因，还未搬进去居住，所以有些工作可能做得不到位。因此，房产经纪人有必要配合购房者检查房屋的相关证件，确保重要的证件不会缺少。

### 4. 排查房屋问题

不管是买来居住，还是用于出租的二手房，都需要对房屋问题进行排查，这样可以避免收房之后才发现问题，造成买卖双方出现纠纷。很多购房者没有经验，再加上观察得不够仔细，可能无法发现房屋存在的一些问题。对此，房产经纪人需要告知购房者，哪些问题是需要重点进行排查的。另外，如果在排查时发现了问题，房产经纪人需要及时联系卖房者进行解决。

### 5. 查询房屋户口

有的卖房者将二手房卖出去之后，户口还挂在该二手房上。在这种情况下，购房者就无法落户了。对此，很多购房者显然是不能接受的。因此，如果查看房屋户口时，发现卖房者的户口还挂在该二手房上，房产经纪人需要及时联系卖房者，引导其将户口迁出去。对此，一定要在交易之前问清楚卖房者，最好在合同中写明户口迁出的相关约束与赔偿条款，以免卖房者刻意隐瞒。

### 6. 签订交房协议

如果在陪同购房者验收二手房时，并没有发现什么问题，那么房产经纪人便可以组织双方签订交房协议了。签订交房协议不仅意味着整个交房流程的完成，还能为交房提供法律保障，避免此后因为交房问题而出现纠纷。

读书笔记，自己的感悟与补充：

_____

_____

_____

# 【情景实战094】
# 物件少了，卖房者答应留下的物品不见了

【小房同学】问：

大鱼老师，购房者入住二手房之后，发现卖房者答应留下的物品不见了，感觉自己被骗了，这应该怎么处理呢？

【大鱼老师】答：

面对这种情况，作为居间人的房产经纪人需要及时联系卖房者，了解具体情况，帮忙解决问题。

当购房者入住之后发现卖房者答应留下的物品不见了而发出抱怨时，房产经纪人可以先了解具体情况，再寻找解决方案。

## 1. 了解具体情况

当听到购房者的抱怨之后，房产经纪人需要及时联系卖房者，这样不仅能更全面地了解具体情况，还能找出问题出现的原因，从而更好地寻找解决方案。具体来说，购房者没有看到相关物品主要有五个方面的原因，如图9-2所示。

在了解了问题出现的原因之后，房产经纪人可以先将原因告诉购房者，安抚好购房者的情绪，然后组织买卖双方进行协商，解决问题。

## 2. 寻找解决方案

既然遇到了问题，就要解决问题。那么，卖房者答应留下的物品购房者却没有看到，这个问题应该怎么解决呢？下面讲解几种常见的解决方案。

❶ 告知放置位置。如果卖房者将物品换了位置，那么房产经纪人可以向卖房者询问物品的放置位置，并告知购房者。

例如，当了解到物品被放置在杂物间时，房产经纪人可以对购房者说："卖房者把物品放在杂物间了，就是厕所旁边的那个房间，麻烦您进去看一下。"

| | | |
|---|---|---|
| **原因一** → | 忘记约定 → | 卖房者忘记答应将物品送给购房者了,在搬家的时候直接把能搬走的都搬走了 |
| **原因二** → | 没有注意 → | 卖房者的家人把要送给购房者的物品装上了车,卖房者当时也没有注意 |
| **原因三** → | 换了位置 → | 卖房者为了将物品区分开来,将物品换了位置,购房者没有找到 |
| **原因四** → | 其他原因 → | 如物品坏了,被丢掉了,但是卖房者忘记告诉购房者了 |
| **原因五** → | 有意搬走 → | 个别卖房者舍不得某样物品,或者觉得贵重,硬是不顾约定,将物品搬走了 |

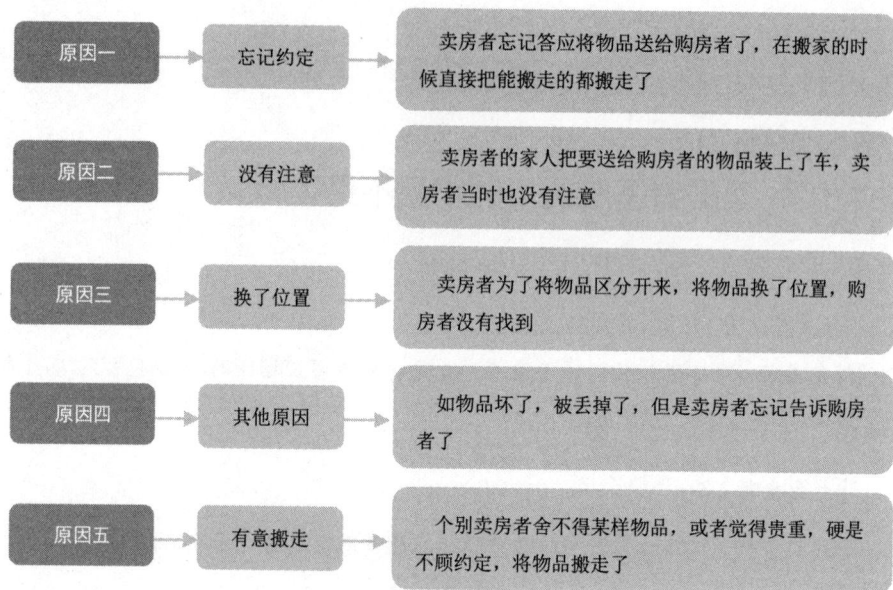

图9-2 购房者没有看到相关物品的原因

❷ 将物品搬回去。如果卖房者居住的地方距离二手房不远,那么房产经纪人可以配合卖房者将答应留下的物品搬回去。

❸ 等价赔偿。如果卖房者答应留下的物品价值不是很高,或者搬回去比较麻烦,那么买卖双方可以协商一下,让卖房者等价赔偿。

例如,房产经纪人可以对购房者说:"卖房者居住的地方有点儿远,不太方便给您送过去。您看这样好不好,协商一下,看看这个物品大概值多少钱,让卖房者等价赔偿给您?"

❹ 双方达成共识。如果卖房者答应留下的物品价值不是很高,购房者在知晓原因之后也表示理解,那么房产经纪人也可以引导买卖双方达成共识,不用卖房者进行赔偿。

❺ 严格履行合同。如果卖房者有意将某样物品搬走,而且是贵重的物品,那么房产经纪人应尽量通过多次友好的沟通,让卖房者搬回来,或者折为现金补偿给购房者。如果实在沟通无果,那么只有报警或寻找相关的法律部门解决。

由此得出的经验或教训是:一是所有需要卖房者留下的物品,一定要在合同上详细说明;二是在卖房者搬家时,购房者最好也到现场,当场进行物品的清点和监督,并提醒搬家公司不要弄坏家里现有的墙壁、家具、家电等。

## 【情景实战095】
## 发生变故，交房后出现影响居住的问题

【小房同学】问：

大鱼老师，购房者住进二手房之后，发现房子出现了影响居住的问题，我该怎么处理呢？

【大鱼老师】答：

房产经纪人需要实地了解出现的问题，并且判断问题的责任在哪一方。这样就可以根据责任划分，与客户进行沟通，解决购房者面临的问题。

当交房后出现影响居住的问题时，房产经纪人通常可以使用如下策略与客户进行沟通。

❶ 划分责任。房产经纪人需要先前往二手房，实地了解购房者所说的问题，再根据问题和二手房买卖合同中的相关条款来划分责任，看看这个问题应该由谁负责解决。

❷ 解决问题。如果出现的问题应该由卖房者负责，那么房产经纪人需要将问题告知卖房者，并组织买卖双方协商解决方案；如果出现的问题应该由购房者负责，那么房产经纪人可以直接给购房者提供解决方案，不必特意联系卖房者。

例如，当出现的问题应该由卖房者负责时，房产经纪人可以对卖房者说："购房者在居住时发现二手房有一点儿问题，您看什么时候有时间，双方坐下来好好协商一下，看看怎么尽快解决这个问题，免得问题一直存在，购房者又找过来，给您再添麻烦，早解决大家都早安心。"

## 【情景实战096】
## 临时求助，购房者遇到解决不了的问题

【小房同学】问：

大鱼老师，购房者临时求助，表示他遇到了自己解决不了的问题。此时，我应该怎么做呢？

【大鱼老师】答：

房产经纪人可以先了解购房者遇到的具体问题，看看自己能不能解决这个问题。如果自己解决不了，那么房产经纪人可以求助卖房者。

有的购房者在入住二手房之后可能会遇到自己解决不了的问题，就会临时向房产经纪人求助。此时，房产经纪人可以尝试独立帮忙解决问题，如果自己解决不了，还可以求助卖房者。

❶ 独立帮忙解决问题。因为工作的关系，房产经纪人对于二手房的相关事项会有一定的了解和经验，以此来帮助购房者解决问题。当然，在帮忙解决问题时，房产经纪人不要托大，对于自己没有把握的事情，最好不要轻易地给出建议，以免因为自己的误判而给购房者造成不必要的损失。

❷ 求助卖房者。如果房产经纪人无法独立解决问题，或者没有把握解决好，则可以尝试求助卖房者。因为卖房者之前居住在这里，所以很多与该二手房相关的事项他都会有所了解。当然，此时卖房者可能已经没有义务帮忙了，因此，在沟通时房产经纪人的态度必须诚恳，要让对方感受到被尊重。

读书笔记，自己的感悟与补充：

_____

_____

# 【情景实战097】
# 赢得信任，有效提高客户的忠诚度

【小房同学】问：

大鱼老师，不知道怎么回事儿，最近流失的客户非常多，而且还出现了跳单的情况，感觉有的客户对我不怎么信任了。您有没有什么方法帮我提高客户的忠诚度呢？

【大鱼老师】答：

提高客户的忠诚度，关键在于赢得客户的信任。通常来说，只要客户对你足够信任，就不会出现客户跳单、流失的情况。

对待不同的客户，要采取不同的策略，这样才能更好地赢得客户的信任，从而有效地提高客户的忠诚度。具体来说，房产经纪人可以将客户分成普通客户和流失客户两种类别，并采取合适的策略提高客户的忠诚度。

### 1. 提高普通客户的忠诚度

在与普通客户进行沟通的过程中，房产经纪人可以通过做好以下三个方面的工作来提高客户的忠诚度。

❶ 通过服务拉近距离。房产经纪人可以通过为客户提供满意的服务来拉近与客户之间的距离，从而增加客户的信任感。

❷ 安抚客户的情绪。客户在买卖二手房的过程中，可能会遇到各种各样的问题，难免会产生烦闷的情绪。此时，房产经纪人要运用自己的专业知识来安抚客户的情绪，让客户从情感上对你产生依赖。

❸ 提高客户的获得感。房产经纪人可以通过为客户提供超值服务（或其他房产经纪人可能不会提供的服务），让客户觉得在你这里购买二手房是物超所值的。

以提高客户的获得感为例，房产经纪人可以通过给客户赠送一些实用的小物品、全程陪同客户、主动帮客户解决各种业务上的问题，以及帮购房者砍价、帮卖房者抬价等方式，让客户享受超值的服务。

**2. 提高流失客户的忠诚度**

所谓提高流失客户的忠诚度，就是挽回客户，让客户愿意继续在你这里买卖二手房。挽回流失客户的方法将在【情景实战108】中进行具体说明，这里就不再赘述了。

当然，面对不同类型的客户，房产经纪人也可以采取不同的态度，让自己的工作变得更加高效。下面以挽回购房者为例进行说明。

❶ 刚需类购房者。这类购房者对房产经纪人来说是比较具有价值的，只要处理得当，可能在短期内就能促成交易，所以花费一些成本进行挽回是很有必要的。

例如，某位购房者因为孩子快要上小学了，所以想要在附近找一套二手房。但是，因为某位房产经纪人平时对其不够重视，所以该购房者慢慢就流失了，等该购房者要买二手房时，也没有再找这位房产经纪人。在这种情况下，这位房产经纪人不妨主动出击，与这位购房者取得联系，并积极进行沟通，为其推荐合适的房源。当购房者看到满意的房源之后，说不定就能快速促成交易。

❷ 捡漏类和其他购房者。如果是这两类购房者流失了，那么房产经纪人基本上可以直接选择放弃挽回。这主要是因为这两类购房者对于房产经纪人的价值本来就比较低，如果还要投入成本进行挽回，那就没有必要了。

读书笔记，自己的感悟与补充：

_____

_____

_____

第10章

# 11个技巧，
# 教你怎么处理客户投诉

【小房同学】问：

大鱼老师，客户对二手房交易的相关事项不满意，并进行了投诉，应
该如何处理呢？

【大鱼老师】答：

当客户进行投诉时，房产经纪人需要对投诉的问题进行处理，从而
提高客户的满意度。

# 【情景实战098】
# 频繁联系，投诉被房产经纪人骚扰了

【小房同学】问：

大鱼老师，联系太频繁了，客户说我在骚扰他，还对我进行了投诉，应该怎么办呢？

【大鱼老师】答：

有时候房产经纪人可能只是想增加与客户的联系，从而获取客户的信任。但是，联系得太过频繁，可能会让客户觉得你在骚扰他。所以，房产经纪人在为客户服务时，也需要把握好"度"，以免给客户造成困扰。

由于每个人所处的立场不同、思考问题的角度不同等，施者和受者在看待同一件事时，可能会有不同的想法。对于作为施者的房产经纪人来说，频繁联系是为了更好地了解客户的需求，从而提供令客户满意的服务；而对于作为受者的客户来说，房产经纪人频繁联系可能会影响自己的生活和工作。

因此，当客户觉得联系过于频繁，甚至有些不堪其扰时，可能会直接打电话进行投诉。对于这类投诉，房产经纪人可以通过三个步骤进行处理，即表达歉意、解释原因和调整策略。

## 1. 表达歉意

房产经纪人只有服务好客户，提高客户的满意度，才能塑造良好的口碑，获得更多的房源和客源。当客户向店长进行投诉时，就说明客户对房产经纪人的服务是不满意的。此时，客户需要的不是解释，而是房产经纪人的态度。在这种情况下，房产经纪人需要先向客户表达歉意，让客户看到你的态度。

当然，房产经纪人最好采用不同于以往的联系方式进行道歉。具体来说，如果之前一直通过打电话的方式与客户联系，那么房产经纪人可以选择发微信或手机短信的方式向客户道歉，这样可以在一定程度上避免道歉时再次打扰到客户；如果之前一直通过发微信或手机短信的方式与客户联系，那么房产经纪人可以选择打电话的方式向客户道歉，这种方式的道歉会显得更加郑重。

另外，当面道歉具有两面性：一方面，这种道歉方式会让人觉得比较郑重；另一方面，有些没有安全感的客户，在看到房产经纪人当面道歉时，会感觉自己受到了威胁。因此，当面道歉这种方式需要慎重选择。

例如，当客户觉得房产经纪人频繁地打电话骚扰了他时，房产经纪人可以给客户发送如下内容："非常抱歉，因为我频繁地打电话给您带来了困扰，我以后一定会多加注意，感谢您的支持！"

### 2. 解释原因

在向客户表达歉意之后，房产经纪人还需要解释自己这么做的原因。需要说明的是，表达歉意和解释原因的顺序不能颠倒，如果房产经纪人先解释原因，那么客户可能会觉得你不想承认错误，此时你的解释在客户看来就变成了托词。

### 3. 调整策略

在向客户表达歉意，并解释原因之后，房产经纪人还需要从三个方面对日后的沟通联系策略进行调整，如图10-1所示。

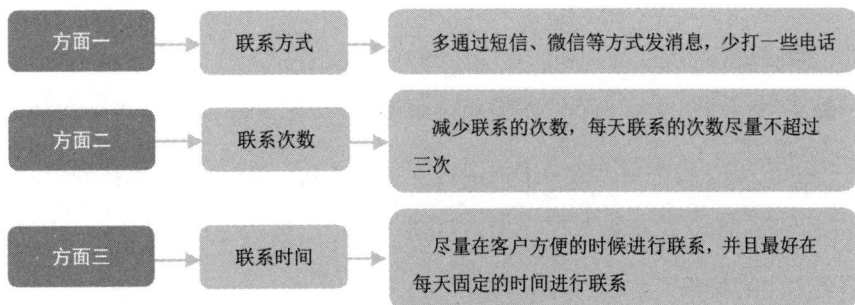

图10-1　沟通联系策略的调整

## 【情景实战099】
## 宣泄不满，投诉房产经纪人态度太差

【小房同学】问：

大鱼老师，我感觉自己按要求在为客户服务，却被客户投诉态度太差，这应该怎么办呢？

【大鱼老师】答：

有时候，态度不好可能只是一种感觉，但是客户却会因为自己的感觉而出现一些情绪，甚至会通过投诉来宣泄不满。对于这种投诉，房产经纪人需要想办法安抚客户的情绪，争取获得继续服务的机会。

无论是房产经纪人的态度真的不好，还是这只是客户的感觉，房产经纪人都应该引起足够的重视。如果房产经纪人的服务不能让客户满意，那么客户很可能就会流失。因此，当客户投诉房产经纪人态度太差时，一定要从多个角度做好工作，为客户提供满意的服务，具体如下。

### 1. 门店管理者的角度

通常来说，当客户对房产经纪人非常不满意时，会通过向对应的门店管理者进行投诉的方式来宣泄情绪、表达态度。面对投诉的客户，门店管理者可以通过如下策略进行沟通，增加客户对门店的好感度。

❶ 代为道歉。无论何时，作为门店管理者，都需要管理好整个门店的员工（房产经纪人）。如果自己的员工被投诉了，那么门店管理者不应该找理由，而应该主动代为道歉。这样做可以让客户看到店长和门店的态度，让客户更愿意继续享受门店的服务。

例如，门店管理者可以从两个方面进行道歉：一是作为门店管理者，为没管理好手下的员工，给客户带来了不满意的服务而道歉；二是代表被投诉的房产经纪人，向客户表达歉意，争取获得客户的谅解。

❷ 安抚情绪。客户在进行投诉时情绪通常是比较激动的，你说的话他可能听不进去，而且如果门店管理者的话没有说好，可能会让客户对整个门店感到失望。因此，门店管理者需要先安抚好客户的情绪，再想办法解决问题。

❸ 给出建议。代为道歉和安抚情绪都只能让客户心里好过一点，并不能真正解决问题。所以，等客户的情绪平静下来之后，门店管理者需要给出建议，帮助客户解决问题。

例如，门店管理者可以从两个方面来提供建议：一是争取让原来的房产经纪人为客户继续提供服务，并告知客户门店会对该房产经纪人进行批评，帮助其提升服务水平；二是当客户对原来的房产经纪人比较反感时，门店管理者可以让其他房产经纪人接替工作，并表示接替者的工作能力更强，让客户愿意继续享受门店的服务。

**2. 房产经纪人的角度**

在了解到自己因为态度不好而被客户投诉时，房产经纪人需要通过沟通争取继续为客户服务的机会，这也是提高转化率必须做好的一件事。具体来说，当房产经纪人因为态度不好而被投诉时，可以通过如下策略与客户进行沟通。

❶ 表达歉意。对于房产经纪人来说，客户就是"衣食父母"，当客户觉得你的态度不好时，房产经纪人要主动表达歉意，让客户看到你的态度，这样才能获得客户的谅解，从而获得继续为其服务的机会。

❷ 给出保证。房产经纪人可以通过给出一些保证的方法，获取客户的信任，让客户觉得你是真心想要做出改变。

❸ 调整策略。在以后与客户进行沟通时，房产经纪人需要对自身的沟通策略进行调整，让客户感受到你的改变。

例如，房产经纪人可以通过控制自己的语气，让客户感受到你的善意；也可以通过在沟通时多询问客户的意见，让客户觉得你不再那么强势。

# 【情景实战100】
# 前后落差，签约后房产经纪人态度转变

【小房同学】问：

大鱼老师，客户觉得签约后我对他的态度没有以前好了，于是向店长进行了投诉，这应该怎么处理呢？

【大鱼老师】答：

这可能是因为在签约之后，房产经纪人将服务重点放在了其他客户身上，所以客户心里会有落差，觉得自己被忽视了。此时，房产经纪人需要想办法让客户明白，只要他有需要，自己还是会为他提供服务的。

通常来说，为了提高自身的转化率，在签约之后，房产经纪人会将更多的精力花费在与未签约客户的沟通上。因为沟通变少了，客户可能会觉得自己被忽视了，或者说房产经纪人对待自己的态度变了，于是有的客户心里不痛快，便进行了投诉。对于这类客户，房产经纪人可以通过如下三步进行沟通，进而增加客户的满意度。

### 1. 为忽视了客户而道歉

在签约之后，房产经纪人需要为客户做的事情变少了，所以彼此的沟通也变少了，这本来就是一件很自然的事。但是，从签约之前的频繁联系，到签约之后的联系明显变少，客户会觉得自己被忽视了，觉得房产经纪人对自己的事情不再上心了。

对此，房产经纪人可以为忽视了客户而道歉，这样不仅能让客户看到你的态度，还能起到安抚客户情绪的作用。而且客户在接受道歉之后，态度会缓和下来，这也便于房产经纪人进行下一步的操作。

### 2. 说明态度变化的原因

等客户的态度缓和下来之后，房产经纪人可以通过如下方法向客户说明自己的态度发生变化的原因。

❶ 根据实际情况进行说明。房产经纪人可以告诉客户，在签约之后，实际上自己能做的事情变少了，为了避免频繁联系打扰到客户，就减少了联系。

❷ 引导客户进行换位思考。因为房产经纪人不可能只为某一位客户服务，所以在签约之后将重心放到其他客户身上很正常。而且对于房产经纪人来说，成交量越高，获得的收益就越多，因此房产经纪人需要同时与多位客户进行沟通，想办法提高自身的转化率。对此，房产经纪人可以引导客户进行换位思考，让客户理解自己的做法。

### 3. 给客户一个郑重承诺

客户会因为签约后房产经纪人的态度转变而进行投诉，主要就是觉得此时自己被忽视了，所以，相关的权益可能无法得到保障。对此，房产经纪人可以通过以下三种方法给客户一个郑重承诺，让客户放下心来，如图10-2所示。

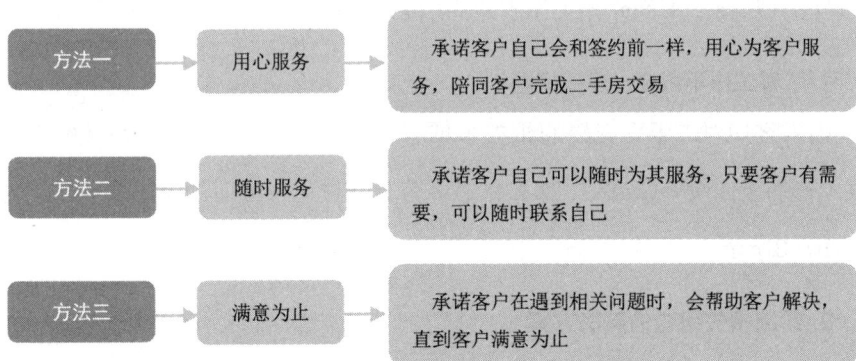

图10-2　给客户一个郑重承诺的方法

例如，房产经纪人可以对客户说："我一直以来都是用心为您服务的，即便已经完成了签约，这一点也是不会改变的。只要您有需求，可以随时联系我，我一定会用心为您服务，帮您解决各种与二手房相关的问题。"

# 【情景实战101】
# 工作不力，导致交易过程中出现了问题

【小房同学】问：

大鱼老师，因为我的工作不力，或者说工作有遗漏的地方，导致交易过程中出现了问题，被客户投诉了，怎么办？

【大鱼老师】答：

很显然，在这种情况下，房产经纪人是需要为出现的问题负责的，所以被客户投诉了也不冤枉。房产经纪人需要明白的是，客户此时需要的不只是道歉，他更需要的是挽回自身损失的方法。

对于房产经纪人来说，因为自己工作不力导致交易过程中出现了问题，需要承担全部责任。所以，房产经纪人需要了解工作不力的相关事项，想办法避免再次出现类似情况。下面介绍工作不力的相关事项。

### 1. 了解工作不力会出现的问题

因为客户对二手房交易的相关事项不是很清楚，所以如果房产经纪人工作不力、有的工作没有做到位，那么在二手房交易过程中很可能会出现一些问题，如图10-3所示。

### 2. 给出相关问题的解决方案

当因为自己工作不力导致交易过程中出现问题时，房产经纪人可以根据问题的类型给出对应的解决方案，帮助买卖双方解决问题，提高客户的满意度，具体如下。

❶ 交易问题的解决方案。当出现交易问题时，房产经纪人需要顶住压力，组织买卖双方进行协商，并根据当前面临的情况决定交易的去向。如果还可以

继续交易，那么房产经纪人需要努力维持买卖双方的关系，尽可能地促成交易；如果无法继续交易，那么房产经纪人可以给客户介绍其他的房源或客源。

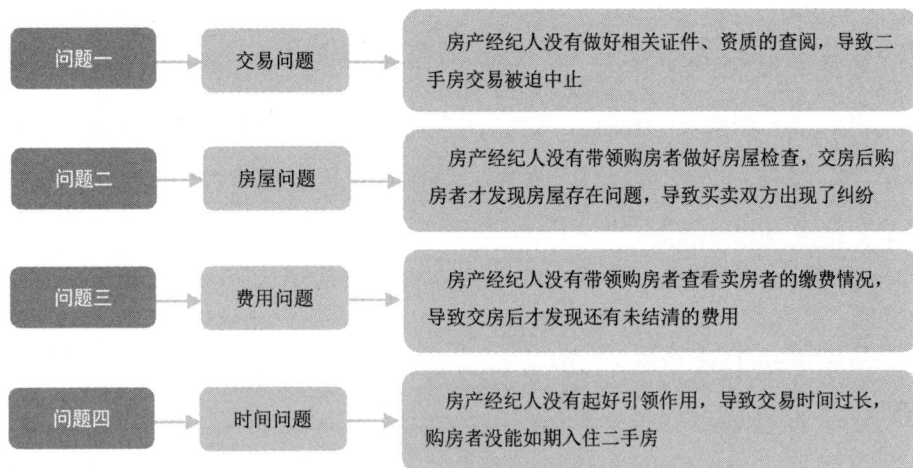

图10-3　房产经纪人工作不力可能会出现的问题

❷ 房屋问题的解决方案。当出现房屋问题时，房产经纪人可以引导卖房者对问题进行修复，或者进行相关款项的赔付。如果在二手房买卖合同中对房屋问题进行了说明，则只需遵照合同进行解决即可。

❸ 费用问题的解决方案。当出现费用问题时，房产经纪人需要及时联系卖房者，并引导其结清相关的费用。

❹ 时间问题的解决方案。当出现时间问题时，房产经纪人可以根据经验对接下来的流程做好安排，并陪同客户办理相关手续，从而尽快让买卖双方完成交易。

### 3. 避免出现工作不力情况的方法

为了避免出现工作不力或工作有遗漏的情况，房产经纪人需要重点做好以下工作来提高自身的职业素养。

❶ 及时做好复盘。当出现工作不力的情况时，房产经纪人需要及时进行复盘，了解自身存在的问题，并进行反思。

❷ 张贴提醒事项。房产经纪人可以将需要注意的事项或者曾经出现的工作

不力情况写下来，并张贴在经常可以看到的地方，起到提醒的作用。

❸ 及时做好规划。房产经纪人可以根据二手房交易的进度制定第二天的规划，并在规划中列出需要做的工作。这样一来，房产经纪人只要对照规划执行，便可以避免工作出现遗漏。

例如，房产经纪人可以在前一天晚上对第二天要做的事情进行规划，并按照重要程度一条一条地列出来。这样，第二天只需要根据规划执行，并将已完成的事项打钩，即可避免工作出现遗漏。

读书笔记，自己的感悟与补充：

_____

_____

_____

_____

_____

实操心得，记下来让自己更上一层楼：

_____

_____

_____

_____

_____

_____

## 【情景实战102】
## 房价波动，客户觉得自己被房产经纪人欺骗了

【小房同学】问：

大鱼老师，二手房交易完成一段时间之后，受到市场行情的影响，房价出现了变化，客户觉得我欺骗了他，这应该如何是好呢？

【大鱼老师】答：

房产经纪人只是撮合买卖双方的中间人，并不能左右二手房的市场行情，因此交易后房价出现波动是很自然的事。对此，房产经纪人需要向客户解释清楚，让客户明白这并非欺骗，而是市场行情的变化难以预测。

当客户因为房价波动感觉被欺骗了而进行投诉时，房产经纪人可以使用如下策略与客户进行沟通，从而获得客户的理解。

❶ 展示同期二手房的成交价。房产经纪人可以将同期二手房的成交价展示出来，这样客户就会明白，当初二手房的成交价是比较合理的，不存在故意抬高或压低价格的情况。

❷ 说明二手房的市场行情难以预测。房产经纪人可以向客户说明二手房的市场行情是难以预测的，有时候可能只相差几天，价格便出现了明显变化，这不是房产经纪人所能左右的，所以也不是自己在欺骗客户。

❸ 解释二手房价格变化的原因。有时候某个因素的出现可能会直接影响二手房的价格。房产经纪人可以向客户解释二手房价格变化的原因，让客户明白这也不是自己想看到的。

例如，房产经纪人可以对客户说："最近附近的一个新楼盘快要开盘了，而且给出的价格还比较低。所以，很多人都去购买该楼盘的新房了，导致二手房的需求量下降了，价格也随之降低了。我也不想这样，我的手上还有很多二手房没卖出去呢。"

# 【情景实战103】
# 推迟交房，购房者投诉卖房者故意违约

【小房同学】问：

大鱼老师，购房者向我投诉卖房者故意违约，不能如期交房，应该怎么办呢？

【大鱼老师】答：

通常来说，推迟交房需要承担违约责任，所以，绝大多数卖房者都会如期交房。对于这种不能如期交房的情况，房产经纪人需要先与卖房者进行沟通，了解其推迟交房的原因，再组织买卖双方协商交房事宜，处理好客户的投诉。

可能购房者在交房之前就对相关事项进行了规划，如果卖房者不能如期交房，自己的计划可能就会被打乱。因此，遇到推迟交房的情况，购房者可能会因为有怒气而进行投诉。

对于这类投诉，房产经纪人可以了解卖房者推迟交房的原因，并组织买卖双方协商交房事宜，处理好客户的投诉。另外，为了规避推迟交房情况的出现，房产经纪人还可以通过沟通进行引导，让卖房者自愿如期交房。

### 1. 了解卖房者推迟交房的原因

一般来说，卖房者也知道推迟交房可能需要承担违约责任，所以他也不会无故推迟交房。对此，房产经纪人可以与卖房者进行沟通，了解其推迟交房的原因，这有助于解决问题，让买卖双方尽早完成交房。通常来说，卖房者推迟交房的原因主要有三个，如图10-4所示。

### 2. 组织买卖双方协商交房事宜

在了解了卖房者推迟交房的原因之后，房产经纪人便可以通过如下策略进行沟通，组织买卖双方协商交房的相关事宜。

| 原因一 | → | 看错时间 | → | 有的卖房者看错了时间，把错误的时间告诉了购房者，而购房者以为卖房者是故意推迟交房的 |
| --- | --- | --- | --- | --- |
| 原因二 | → | 意外状况 | → | 有的卖房者发生了意外状况，无法如期将二手房腾出来，所以希望推迟交房。例如，卖房者临时出差了，等到交房日赶不回来 |
| 原因三 | → | 沟通问题 | → | 买卖双方在沟通过程中无法达成一致，卖房者希望推迟交房 |

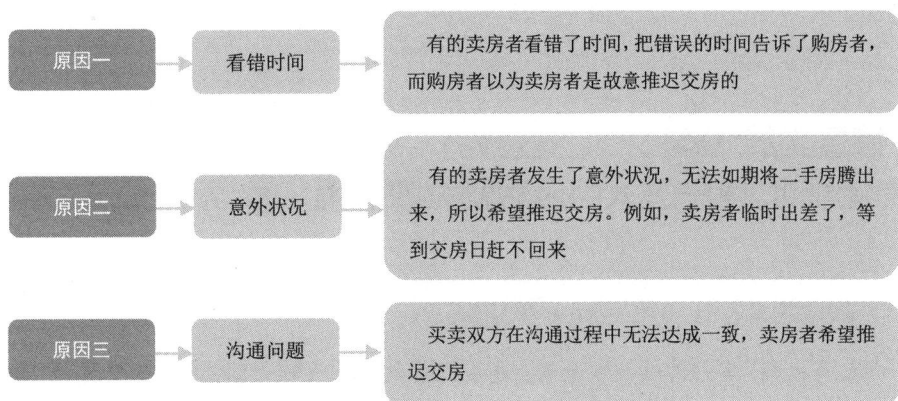

图10-4　卖房者推迟交房的原因

❶ 引导按时交房。如果卖房者只是看错了时间，或者说距交房还有一段时间，那么房产经纪人可以帮助卖房者解决他遇到的问题，帮助卖房者按时交房。

❷ 协商交房日期。如果实在无法按时交房，那么房产经纪人可以组织买卖双方协商新的交房日期。通常来说，这个新的交房日期要尽量靠近原来的交房日期，否则购房者可能比较难接受。

❸ 协商赔偿事宜。如果卖房者无法按时完成交房，或者不想继续交易了，那么房产经纪人可以将买卖双方组织起来，按照合同或者买卖双方的约定来协商赔偿事宜。

### 3. 规避推迟交房情况的出现

在为客户服务的过程中，房产经纪人可以发挥主观能动性，做好以下工作，规避推迟交房的情况出现。

❶ 商量交房时间。在签订二手房买卖合同之前，组织买卖双方专门就交房时间进行协商。

❷ 列明违约责任。在二手房买卖合同的相关条款中列明推迟交房的违约责任。这不仅可以让按时交房得到法律保障，而且也能给卖房者起到警示作用，促使卖房者如期交房。最好预留一定额度的交房尾款，这对卖房者而言是一种约束。

❸ 提醒卖房者交房。在约定交房日期的前10～15天，房产经纪人可以与卖房者进行沟通，提醒其交房日期，以便按时交房。

# 【情景实战104】
# 情绪激动，客户进入门店后就大吵大闹

【小房同学】问：

大鱼老师，客户情绪非常激动，进入门店之后就大吵大闹，其他客户都被吓跑了，怎么办？

【大鱼老师】答：

对于情绪激动的客户，我们需要先让客户的情绪缓和下来，再与客户进行沟通，尽可能让客户的诉求得到满足。

如果客户进入门店后就大吵大闹，那么相关人员可以通过三种方法，先让客户的情绪缓和下来，如图10-5所示。等客户的情绪缓和下来之后，可以与其好好沟通，帮助客户解决实际问题，让客户获得满意的服务。

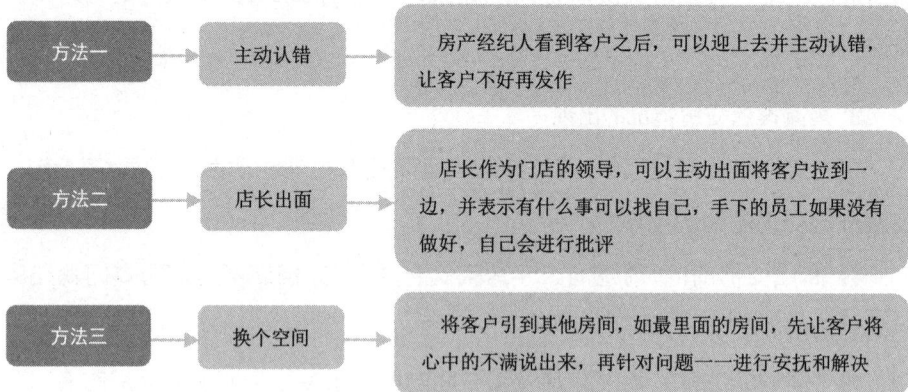

| 方法一 | 主动认错 | 房产经纪人看到客户之后，可以迎上去并主动认错，让客户不好再发作 |
| 方法二 | 店长出面 | 店长作为门店的领导，可以主动出面将客户拉到一边，并表示有什么事可以找自己，手下的员工如果没有做好，自己会进行批评 |
| 方法三 | 换个空间 | 将客户引到其他房间，如最里面的房间，先让客户将心中的不满说出来，再针对问题一一进行安抚和解决 |

图10-5　缓和客户情绪的方法

读书笔记，自己的感悟与补充：

# 【情景实战105】
# 房屋问题，入住后二手房出了一些问题

【小房同学】问：

大鱼老师，购房者入住之后，发现二手房出了一些问题，于是就对卖房者进行了投诉，这应该如何处理呢？

【大鱼老师】答：

对于这种投诉，房产经纪人需要先实地了解二手房出现的问题，再根据问题来判断是谁的责任，并根据责任方来确定解决方案。

虽然是购房者进行的投诉，但是这并不代表必须由卖房者承担责任。所以，房产经纪人在解决这类投诉时，还得根据问题是谁导致的，以及二手房买卖合同的相关条款，先划分责任，再给出解决方案，具体如下。

❶ 责任在卖房者。此时，房产经纪人需要及时联系卖房者，让卖房者实地查看，并协商解决方案。通常来说，此时卖房者可以选择自行解决问题，也可以通过给出一些赔偿来弥补购房者的损失。

❷ 责任在购房者。如果是购房者入住之后，因为使用不当而出现了问题，则需要购房者自己负责修复，房产经纪人只能提供一些修复意见。

❸ 双方都有责任。如果问题是由买卖双方共同导致的，那么房产经纪人可以组织买卖双方坐下来商讨问题由谁负责解决、如何解决。


读书笔记，自己的感悟与补充：

_____

_____

# 【情景实战106】
# 要求太高，无法按客户的心意处理投诉

【小房同学】问：

大鱼老师，有的客户在投诉时提出了很高的要求，我无法按他的要求来处理投诉，这种情况应该怎么办呢？

【大鱼老师】答：

在很多时候，我们可能无法完全按客户的心意来处理投诉，但是我们可以通过沟通来进行协商，交换彼此的意见，让投诉得到很好的处理。

有的客户为了引起相关人员的重视，或者维护自身的利益，会在投诉时提出比较高的要求。在与这类客户进行沟通时，房产经纪人可以使用如下沟通策略，处理好投诉。

❶ 了解客户的诉求。房产经纪人可以通过沟通，了解客户的诉求，并在此基础上判断哪些是自己能够做到的，哪些是自己难以做到的。

❷ 与客户进行协商。在了解了客户的诉求之后，房产经纪人可以与客户进行协商，对于那些可以做到的，尽量满足客户的要求即可；而对于那些难以做到的，则可以让客户明白自己的难处，尽可能地降低要求。

读书笔记，自己的感悟与补充：

_____

_____

_____

_____

## 【情景实战107】
## 无理取闹，客户投诉的问题其实不存在

【小房同学】问：

大鱼老师，有的客户有点儿无理取闹，明明没什么事，却还要投诉，这应该怎么办才好呢？

【大鱼老师】答：

对于这类客户，房产经纪人可以想办法让客户明白，他投诉的问题其实是不存在的，或者说是可以忽略不计的。等客户了解清楚之后，可能就知道没必要投诉了。

有时候，客户让人感觉有些无理取闹，其实并不存在什么问题，他却进行了投诉。在与这类客户进行沟通时，房产经纪人可以使用如下沟通策略。

❶ 对投诉的问题进行说明。有时候，客户对于相关事项不太了解，所以选择了投诉。对此，房产经纪人可以对投诉的问题进行说明，让客户明白其实没什么大事。这样一来，客户明白是自己多想了，自然也会愿意配合撤销投诉。

❷ 给客户回赠一些小礼品。有的客户可能会不依不饶，觉得自己吃亏了，一定要让房产经纪人给自己一个说法。对于这样的客户，房产经纪人可以给他赠送一些小礼品。客户冷静下来之后，会觉得既然自己的要求得到了满足，也就没必要再揪着不放了。

读书笔记，自己的感悟与补充：

_____

_____

_____

# 【情景实战108】
# 主动出击，挽回因投诉而流失的客户

**【小房同学】**问：

大鱼老师，有的客户在投诉之后，就去找其他房产经纪人了，这应该怎么办呢？

**【大鱼老师】**答：

这种投诉之后就去找其他房产经纪人的客户，很容易成为流失客户。对此，房产经纪人需要主动出击，挽回这些流失的客户，只有这样才能让自己快速成长。

在投诉房产经纪人的客户中，有很大一部分可能会流失。对此，房产经纪人可以主动联系客户，并从以下两个方面进行挽回，从而提高客户的忠诚度。

❶ 了解客户流失的原因。当意识到客户流失时，房产经纪人要及时与客户取得联系，找出客户流失的原因，只有这样才能又快、又好地解决问题，挽回流失的客户。

❷ 寻找挽回客户的对策。根据客户流失的原因寻找对策，想办法获得客户的信任，挽回流失的客户。例如，当客户觉得你的态度不够好时，房产经纪人在之后与客户进行沟通时就要端正自己的态度，让客户享受到更满意的服务。

读书笔记，自己的感悟与补充：

_____

_____

_____

_____